MAMA NÄHT

& ich helf mit

Bibliografische Information der Deutschen Bibliothek.

Die Deutsche Bibliothek verzeichnet diese Publikation in der deutschen Nationalbibliografie.

Detaillierte bibliografische Daten sind im Internet über http://www.d-nb.de/ abrufbar.

EIN BUCH DER EDITION MICHAEL FISCHER

1. Auflage 2014

Alle Rechte dieser Ausgabe bei © Edition Michael Fischer GmbH, Igling

Covergestaltung: Tim Anadere und Ilona Molnár
Redaktion und Lektorat: Annika Christof und Saskia Wedhorn
Layout und Satz: Friederike Winter und Verena Raith
Illustrationen: Ilona Molnár

ISBN 978-3-86355-229-9

Printed in Slovakia

www.emf-verlag.de

Rebecca Lina

MAMA NÄHT
& ich helf mit

33 zauberhafte Nähprojekte für Mama und Kind

EMF

EIN BUCH DER
EDITION MICHAEL FISCHER

Inhaltsverzeichnis

Die Grundlagen

Die Grundausrüstung 10
Die Materialien 11
Die Nähgrundlagen 13
Wie Sie mit diesem Buch arbeiten 15

Spielen & Wohlfühlen

Cupcakes & Cupcake-Stand 19
  Cupcakes 19
  Cupcake-Stand 22
Tipi für Großstadtindianer 25
Indianer-Kopfschmuck 29
Steckenpferd 31
Traumfänger 35
Fische für kleine Angler 37
Pompon-Teppich 41

Gute Besserung

Pflaster und Pflasterdose 47
  Pflaster aus Stoff 47
  Pflasterdose 48
Wolken-Kirschkernkissen 51
Zahnfee-Welt 55
  Zahnfee-Haus 55
  Zahnfee 57

Märchenhaft schön

Kleidung & Accessoires

Schwert & Schild für
Ritterkinder   61
   Schild   61
   Schwert   63
   Halfter   64
Kinderkrone   67
   Elfenkindkrone   68
Sternenzauber-Accessoires   71
   Sternen-Zauberstab   71
   Sternenzauber-Haarschmuck   73
Tutu   77

Mädchenrock Leela   83
Schleifen, Schleifen, Schleifen   87
   Große und kleine Schleifen   87
   Schleifen-Haarspange   88
   Schleifen-Sommershirt   90
Kindershirt mit Applikation   93
Mädchenkleid Linchen   97
Tuch mit geflochtenen Enden   101
Tasche für dies und das   105
Brosche kleiner Fuchs   109
Haargummis aus
bezogenen Knöpfen   111

Vorlagen   112
Über die Autorin   126
Danksagung   127
Buchtipps   128

Vorwort

Wundervolles entsteht, wenn wir kurz innehalten und versuchen, uns nicht von der Schnelllebigkeit unserer Welt beeinflussen und mitreißen zu lassen.

Ich möchte Sie einladen, in unsere kleine Zauberwelt einzutauchen, alles ein wenig langsamer anzugehen und kreative Zeit mit dem Wertvollsten, das uns umgibt, zu verbringen – unseren Kindern. Kinder haben die wundervolle Eigenschaft, einfach im Hier und Jetzt zu leben und selbst in den kleinsten Dingen etwas Besonderes zu sehen. Ich habe versucht, diese kleinen Dinge in diesem Buch einzufangen und in unsere Projekte mit einfließen zu lassen. Ich hoffe, es ist mir gelungen und es springt ein wenig Glückseligkeit auf Sie über.

Wenn wir es schaffen, unseren Kindern Zeit und Raum für ihre Kreativität zu geben, können sie diese mit allen Sinnen erleben, sich neu entdecken und schöne Sachen erschaffen. In diesem Buch finden Sie Projekte, die Sie gemeinsam an einem Nachmittag umsetzen können. Daneben gibt es aber auch das eine oder andere Projekt, das Zeit braucht, vielleicht einen ganzen Winter und noch einen Regentag dazu, wie z. B. der Pompon-Teppich. Doch das, was am Ende dabei herauskommt, vielleicht geknüpft und geknotet von der ganzen Familie, wird alle mit viel Freude und Glück erfüllen.

Am schönsten ist es natürlich, gemeinsam mit Mama oder Papa etwas zu nähen, zu basteln oder zu werkeln. So entstehen fantasievolle Kostbarkeiten, die zu wundersamen Spielstunden einladen.

Ich werde nie die leuchtenden Augen meiner Tochter und ihrer liebsten Freundin vergessen, als wir zusammen Salzteig machten und Cupcakes daraus backten, die man zwar nicht essen, aber stundenlang bewundern konnte. Mit schönen Blümchenstoffen dekoriert sahen sie in unserem kleinen Cupcake-Laden so wundervoll köstlich aus, dass wir uns gar nicht satt sehen konnten an dem, was wir gemeinsam in wenigen Stunden gebastelt hatten.

Ich denke, die tiefe Liebe, die ich für meine Tochter empfinde, löst in mir immer wieder einen zauberhaften Kreativitätsschub aus, der es mir erlaubt, jeden Tag aufs Neue schöne Dinge mit meinem Kind zu erschaffen. Diese Nähfreude und Liebe möchte ich mit Ihnen und Ihren Kindern teilen und hoffe, dass Sie in unserem Buch das eine oder andere Projekt finden, das Ihr Herz berührt. Ich möchte Sie anregen, die Projekte zu individualisieren und sie zu Ihrer ganz eigenen Kostbarkeit zu machen. Denn jedes Teil, das durch Ihre Hände und durch die Ihrer Kinder entsteht, ist etwas ganz Besonderes.

Doch das Schönste an dieser Arbeit ist die Zeit, die wir gemeinsam mit unseren Kindern verbringen.

Wir wünschen Ihnen viel Freude mit unserem Buch.

Allerliebste Zaubergrüße

Rebecca Lina & Laéna

Die Grundlagen

Die Grundausrüstung

Hier finden Sie eine Liste mit notwendigen Utensilien und praktischen Helferlein, um die Projekte in diesem Buch umsetzen zu können. Am besten haben Sie diese Dinge immer griffbereit, um jederzeit mit dem Kreativsein loslegen zu können.

Werkzeug

* ★ Nähmaschine und Ersatznadeln
* ★ Overlockmaschine (falls vorhanden)
* ★ Bohrer
* ★ Bügeleisen und Bügelbrett
* ★ Sprühflasche zum Dämpfen

Im Nähkästchen

* ★ Stecknadeln
* ★ Nähnadeln
* ★ verschiedene Nähgarne
* ★ Leinenzwirn
* ★ Stoffschere
* ★ Stickschere oder eine andere kleine Schere
* ★ Kinderschere
* ★ Maßband
* ★ Kreide oder ein Stoffmarkierstift (z. B. Zauberstift von *Prym*®)
* ★ Stäbchen zum Wenden (z. B. Wendehilfe von *Prym*®)

Zum Markieren

* ★ Klebeband
* ★ Lineal, Stift und Seidenpapier zum Abpausen der Vorlagen
* ★ Pinsel
* ★ Textilstift

Textilien

* ★ Stoff
* ★ Leder
* ★ Filz

Weitere nützliche Utensilien

* ★ Rollschneider
* ★ Zackenschere
* ★ Nadelkissen
* ★ Fingerhut
* ★ Pflaster

Die Materialien

Kleine Stoffkunde

Für mich als Mutter mit einer großen Liebe zur Natur ist es sehr wichtig, nur natürliche und ungiftige Stoffe zu verarbeiten. Meine Stoffe sollten möglichst biologisch und am liebsten pflanzlich gefärbt sein. Bei Stoffen, mit denen meine Tochter in Berührung kommt, achte ich darauf, dass diese mindestens dem Öko-Tex-Standard® entsprechen und möglichst GOTS-zertifiziert (Global Organic Textile Standard) sind. Naturfasern lassen die Haut atmen und sind ökologisch unbedenklich.

Bevor Sie einen Stoff verarbeiten, sollten Sie ihn waschen und bügeln. So erleben Sie nach dem ersten Waschen des fertigen Lieblingsteils keine böse Überraschung.

BAUMWOLLE: Ich arbeite am liebsten mit Baumwollstoff, da sich diese Faser wunderbar leicht nähen und bügeln lässt und sehr hautfreundlich ist. Baumwolle gibt es in guter Bioqualität und in vielen verschiedenen Farben. Empfehlenswert ist auch eine Mischung von Baumwolle und Leinen.

LEINEN: Auch wenn Leinen gemeinhin als sehr pflegeintensiv gilt, besticht er gleichzeitig durch sehr positive Eigenschaften. Leinenfasern sind außerordentlich stabil und vor allem waschmaschinenfest. Sie sind luftdurchlässig, glatt, formbeständig und mottensicher. Ich liebe es, Leinen zu verarbeiten, da es mit der Zeit immer schöner wird und einen wunderbar weichen Griff bekommt. Zugegeben, es knittert leicht, aber genau das macht seinen einzigartigen Charme aus.

WOLLE: Wolle als reines Naturprodukt liegt mir sehr am Herzen. Ich benutze es in diesem Buch zum Füllen von Kissen (*Wolken-Kuschelkissen*, S. 52) und für die Haare der Steckenpferde (S. 31). Wollstoff hat von Natur aus einen Kälteschutz, ist regen- und schmutzabweisend, atmungsaktiv und temperaturausgleichend. Er hat einen wundervollen Geruch, ist knitterarm und formbeständig. Wollstoffe gibt es schon als gestrickte Meterware. Man findet sie unter den Namen Flanell, Bouclé und Wollfilz.

Weitere Materialien

ACRYL-BASTELFARBEN: Diese Farben sind wasserlöslich und untereinander mischbar. Es gibt sie in vielen tollen Farben und sie sind auch in kleinen Mengen erhältlich. Sie sind sehr angenehm in der Handhabung, da sie geruchsneutral und mit Wasser auswaschbar sind. Für eine lange Haltbarkeit und ein gutes Endergebnis ist es von Vorteil, das Objekt erst nach der Fertigstellung zu lackieren.

BAMBUSSTÄBE: Es gibt sie im Baumarkt in verschiedenen Stärken und Größen. Die genauen Angaben zu Länge und Dicke finden Sie in den jeweiligen Projektanleitungen.

BOHRER: Bei manchen Projekten, wie z. B. bei dem Projekt *Tipi*, S. 25, ist ein Bohrer zum Anlegen von Löchern nötig.

DOPPELSEITIGES KLEBEBAND: Dieses sehr praktische Klebeband ist in verschiedenen Breiten erhältlich und klebt Materialien sehr fest zusammen. Beachten Sie jedoch, dass es schwer wieder ablösbar ist!

FÜLLUNGEN: Es gibt viele verschiedene Füllungen. Sie können aus Kunstfaser, Schafwolle oder anderen natürlichen Materialien wie Dinkel oder Kirschkernen bestehen. Jede hat andere Eigenschaften. Entscheiden Sie selbst, welche Füllung Ihnen am meisten zusagt und zum jeweiligen Projekt am besten passt.

* Antiallergische Füllwatte ist waschbar und schön locker. Sie kann sogar im Trockner getrocknet werden.
* Schafwolle ist Wärme ausgleichend und ein natürliches Material, das ich gerne als Füllung für Puppen oder kleine Spielzeuge verwende.
* Dinkelspelze speichern Wärme und sind besonders leicht.
* Kirschkerne fühlen sich schön locker an und halten die Wärme über einen langen Zeitraum.

GUMMIBAND, HUTGUMMI und KNOPFGUMMI: Sie sind in vielen verschiedenen Farben und Stärken erhältlich. Wählen Sie einfach aus, welches Ihnen am besten gefällt und zu dem jeweiligen Projekt passt.

HEISSKLEBER: Damit können ganz problemlos und schnell zwei Materialien zusammengeklebt werden. Seien Sie bei der Anwendung vorsichtig, da Verbrennungsgefahr besteht, wenn der heiße Kleber die Haut berührt. Übernehmen Sie Arbeitsschritte mit dem Heißkleber immer selbst und lassen Sie Ihre Kinder in der Nähe von Heißklebepistolen niemals unbeaufsichtigt.

KORDELN, HÄKELBLÜMCHEN, SPITZENBAND, PAILLETTEN, BEZOGENE KNÖPFE und HOLZPERLEN: Sie verleihen allen genähten Sachen einen ganz besonderen Charme. Es macht Ihrem Kind sicher viel Spaß, etwas Hübsches auszuwählen und damit zu dekorieren.

PINSEL: Für den Auftrag von Farbe eignen sich vor allem feine Haaroder Borstenpinsel.

RUNDHÖLZER: Es gibt sie im Baumarkt in vielen verschiedenen Stärken. Genauere Angaben finden Sie hierzu in den jeweiligen Projektanleitungen. Oftmals ist es günstiger, die Stücke aus einem langen Rundholz zuschneiden zu lassen.

SCHMUCKKLEBER: Er eignet sich hervorragend dazu, Broschennadeln anzukleben. Er sollte allerdings einige Stunden in Ruhe trocknen, um richtig fest zu werden.

VLIESEINLAGE: Bei manchen Projekten in diesem Buch ist eine Vlieseinlage empfehlenswert. Diese Einlage gibt es in vielen verschiedenen Stärken. Wenn sie eingebügelt wird, verstärkt sie den Stoff, z. B. bei den Kronen (S. 67). Wenn sie einfach nur mit eingenäht wird, sorgt sie für mehr Volumen.

VLIESOFIX®: Für Applikationen ist doppelseitiges Bügelvlies eine wunderbare Erfindung. Im Handumdrehen können damit zwei Stoffe dauerhaft aufeinander gebügelt werden.

ZAUBERSTIFT oder auch TRICKMARKER von *Prym*®: Sie sind sozusagen die „neue Schneiderkreide". Das Praktische an diesen Stiften ist, dass die damit angelegten Linien nach einigen Stunden wieder verschwinden. Der Zauberstift eignet sich gut zum Markieren und Vorzeichnen von Gesichtern, die später aufgestickt werden sollen.

Die Nähgrundlagen

Alle in diesem Buch beschriebenen Arbeitsschritte sind einfache Nähgrundlagen. Sollten Sie bei der einen oder anderen Sache unsicher sein, finden Sie hier die wichtigsten Begriffe und Techniken erklärt.

BÜGELN: Bei einigen Projekten ist es wichtig, dass Nähte auseinandergebügelt werden. Dies wird Ihnen die weitere Verarbeitung ungemein erleichtern.

EINSCHLAGEN/SAUM NÄHEN: Ein Saum ist die Kante des Stoffs. Schlagen Sie den Saum doppelt ein, bügeln Sie ihn und steppen Sie ihn anschließend ab. So wird das Ausfransen verhindert und Sie erhalten saubere und glatte Abschlüsse. Für den Saum sollten mindestens 4 cm Zulage einberechnet werden. Sie sind bei den Schnitten in diesem Buch schon mit eingerechnet.

FADENLAUF: Er bezeichnet die Richtung, in die die Kettfäden eines gewebten Stoffs laufen. Der Fadenlauf läuft also immer parallel zu den Webkanten eines Stoffs. Schneiden oder reißen Sie einen Stoff aus diesem Grund stets im Fadenlauf und idealerweise im Stoffbruch.

NAHTZUGABE: Die Nahtzugabe ist eine Zugabe zum eigentlichen Schnittmusterrand. Es ist also der Bereich zwischen Naht und Stoffkante. Die Nahtzugabe sollte mindestens 1 cm breit sein, damit sie Platz für die eigentliche Naht und die Versäuberungsnaht bietet. Bei den Schnitten in diesem Buch ist die Nahtzugabe bereits enthalten.

RECHTS AUF RECHTS: Die rechte Seite eines Stoffs ist immer die schöne Seite, bei einem bedruckten Stoff also die farbige Seite. Die linke Seite ist meistens etwas heller oder ganz ungemustert. Bei einem ungemusterten Stoff ist es egal, welche Seite Sie vernähen. Bei Leinen erkennen Sie die rechte Seite manchmal an einem schöneren Glanz.
Ein Nähstück, das rechts auf rechts zusammengenäht wurde, wenden Sie immer durch die angegebene Wendeöffnung, sodass die rechte, schöne Seite später außen liegt. Durch das Wenden auf die rechte Seite verschwinden alle Nähte im Inneren der Nähteile.

SCHNITT: Für die meisten Projekte muss ein Schnitt erstellt werden. Vorlagen dafür finden Sie im hinteren Teil des Buchs oder als Download unter: www.emf-verlag/mamanaeht.de. Sie können die Vorlagen auf Schnittmusterpapier übertragen oder kopieren und ausschneiden.

STEPPSTICH/GERADSTICH: Dabei handelt es sich um den Standard-Nähmaschinenstich, bei dem Ober- und Unterfaden gleich aussehen. Probieren Sie einfach verschiedene Stichlängen an Ihrer Nähmaschine aus und wählen Sie den Stich, der am besten hält. In der Regel wird mit einer Stichlänge von 2–2,5 genäht.

STOFFBRUCH: Die Bruchkante eines gefalteten Stoffs wird als Stoffbruch bezeichnet. Ist in einer Anleitung die Kante einer Vorlage mit der Aufschrift „Stoffbruch" gekennzeichnet, muss diese auf der Bruchkante des Stoffs liegen und so zugeschnitten werden. Der „Bruch" wird dabei nicht aufgeschnitten! Dadurch erhalten Sie ein symmetrisches Schnittteil.

TUNNEL NÄHEN: Ein Tunnel wird genauso genäht wie ein Saum. Nur werden hierbei die beiden Endseiten offen gelassen oder aber bei einem Bündchentunnel eine kleine Öffnung zum Einziehen eines Gummibands gelassen.

VERSÄUBERN/ZICKZACKSTICH: Der Zickzackstich wird eingesetzt, um die Stoffkanten zu versäubern und sie somit vor dem Ausfransen zu schützen. Nähen Sie dafür mit einem mittleren Zickzackstich direkt an der Kante entlang. Die Nadel sollte dabei einmal in den Stoff und einmal knapp daneben einstechen.

VERSTÜRZEN: Damit wird das Zusammennähen zweier Schnittteile rechts auf rechts, die anschließend durch eine offengelassene Wendeöffnung gewendet (verstürzt) werden, bezeichnet. Bei allen Nähprojekten, die gewendet werden sollen, müssen die Ecken abgeschrägt werden. Dabei wird der Stoff einfach knapp an der Naht schräg zurückgeschnitten. Bei runden Nähstücken müssen Dehnungsschnitte gesetzt werden. Dafür werden rundum kleine senkrechte Schnitte gesetzt, die bis knapp vor die Naht reichen. Dadurch wirft das fertige Nähprojekt später keine Falten.

ZAUBERNAHT/MATRATZEN-STICH: Kleine Wendeöffnungen auf der rechten Stoffseite können durch eine Zaubernaht unauffällig geschlossen werden. Verwenden Sie hierfür einen Matratzenstich.

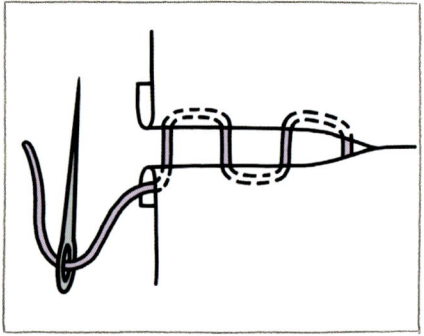

Klappen Sie dazu die Nahtzugaben nach innen und stecken Sie sie mit Stecknadeln ab. Sichern Sie das Garn am Ende der bereits bestehenden Naht und nähen Sie einen Vorstich in eine der nach innen geklappten Nahtzugaben ein. Orientieren Sie sich am Austritt und stechen Sie in der gleichen Höhe auf der gegenüberliegenden Nahtzugabe ein. Dann stechen Sie wieder gegenüber ein. Wiederholen Sie den Vorgang, bis die Wendeöffnung komplett geschlossen ist. Alternativ können Sie auch einen feinen Überwendlingsstich verwenden.

Wie Sie mit diesem Buch arbeiten

Dieses Buch richtet sich an Eltern und ihre Kinder. Die Schritte, die Kinder gefahrlos selbst durchführen können, sind immer mit einem Kindersymbol gekennzeichnet. Die Liste „Was darf ich machen?" zu Beginn jeder Anleitung enthält Vorschläge für Arbeitsschritte, die Kinder ausführen können.

 Dieses Symbol kennzeichnet die Kinderschritte

Auf manchen Bildern ist auch meine Tochter beim Werkeln und Nähen zu sehen. Sie ist gerade sechs Jahre alt geworden und ist recht geübt im Umgang mit Nadel, Faden und Schere, da sie von klein auf unter Anleitung damit arbeiten

durfte. Bitte achten Sie genau darauf, was Sie Ihrem Kind zutrauen können. Wenn Sie das Gefühl haben, Ihr Kind ist für den einen oder anderen Arbeitsschritt noch zu klein, machen Sie diesen Schritt lieber gemeinsam. Es geht nicht darum, dass die Kinderschritte ausschließlich vom Kind durchgeführt werden. Wichtig ist es, gemeinsam an den Projekten zu arbeiten.

Bevor Sie mit einem Projekt beginne, lesen Sie zuerst die komplette Anleitung durch. Sehen Sie sich anschließend zusammen mit Ihrem Kind die Schritt-für-Schritt-Fotos an und besprechen Sie die Kinderschritte. Beziehen Sie Ihr Kind in die Auswahl der Stoffe ein und lassen Sie sich auch einmal auf eine vom Kind ausgewählte Farbkombi-

nation ein, auch wenn diese vielleicht auf den ersten Blick nicht so passend erscheint. Sie werden staunen, welch schöne Projekte dabei entstehen können. Alle Vorlagen zu den Projekten finden Sie ab S. 112 oder als Download im Internet unter *www.emf-verlag/mamanaeht.de*.

Sicherheit
Achten Sie beim gemeinsamen Nähen und Werkeln darauf, was Sie Ihrem Kind zutrauen können und stehen Sie ihm unterstützend zur Seite. Lassen Sie es niemals unbeaufsichtigt in der Nähe einer Nähmaschine, Heißklebepistole und andere Utensilien, mit denen es sich verletzen könnte.

Spielen
&
Wohlfühlen

Cupcakes & Cupcake-Stand

Ich kenne kein Kind, das nicht gerne Kaufmannsladen spielt. Mal wird frischer Fisch verkauft, ein anderes Mal Obst und Gemüse. Bei uns gibt es heute Cupcakes in allen Farben und Geschmacksrichtungen – zwar nicht zum Vernaschen, aber dafür sind sie umso schöner anzusehen. Also ran an den Teig und danach wird gewerkelt!

CUPCAKES

MATERIAL

* verschiedenfarbige Stoffreste aus Baumwolle, Leinen oder Jeans,
  für kleine Cupcakes:
  je 12 x 12 cm
  für große Cupcakes:
  je 20 x 20 cm
* Füllwatte
* kleine Gummibänder
* Cupcake-Formen: 24er-Mini-Muffinform, ø 7 cm und/oder 12er-Muffinform, ø 10 cm
* Heißklebepistole
* Deko-Elemente, z. B. kleine Stoffblumen, Holzperlen oder Filzkugeln

  Für den Salzteig (für 12 große oder 24 kleine Cupcakes):
* 1 ½ Tassen Mehl + etwas mehr für die Form
* ½ Tasse Speisestärke
* 1 Tasse Salz
* 1 Tasse Wasser
* 1–3 Esslöffel Öl + etwas mehr für die Form

Was darf ich machen?

* *Einen farbenfrohen Stoff aussuchen*
* *Den Salzteig gut durchkneten*
* *Den Teig in die Muffinform füllen*
* *Die Cupcakes aus der Form lösen*
* *Das Cupcake-Topping formen*
* *Die Cupcake-Verzierung aussuchen*
* *Die Cupcakes in deinem Laden hübsch anordnen*

SCHRITT 1
Bereiten Sie zunächst den Salzteig für die Cupcake-Unterteile zu. Mischen Sie alle Zutaten und kneten Sie sie mit der Küchenmaschine gut durch. Der Teig sollte weich und geschmeidig sein, aber nicht kleben. Falls er etwas zu feucht ist, geben Sie noch ein wenig Mehl dazu.

SCHRITT 2
Fetten Sie die Cupcake-Form gut mit Öl ein und streuen Sie etwas Mehl darüber.

SCHRITT 3
Knete den Teig kräftig mit deinen Händen durch und forme kleine Kugeln. Drücke diese in die Mulden der Muffinform.

SCHRITT 4
Backen Sie die Cupcakes etwa 45–60 Minuten lang bei 150 °C.

SCHRITT 5
Warte, bis die Cupcake-Unterteile vollständig abgekühlt sind und löse sie anschließend aus der Form.

SCHRITT 6

Für die Cupcake-Toppings schneiden Sie die verschiedenfarbigen Stoffreste in Quadrate. Für die kleinen Cupcakes verwenden Sie die Maße 12 x 12 cm, für die großen 20 x 20 cm. Legen Sie etwas Füllwatte in die Mitte und schlagen Sie die vier Ecken nach oben. Formen Sie so eine Art Zopf aus den Stoffecken.

SCHRITT 7

Wickeln Sie ein kleines Gummiband fest um den „Zopf", um ihn zu verschließen. Schneiden Sie den überstehenden Stoff zurück.

SCHRITT 8

Rolle die fertigen Cupcake-Oberteile in der Hand, bis sie eine schöne runde Form bekommen.

SCHRITT 9

Kleben Sie die Oberteile anschließend mithilfe der Klebepistole auf die Cupcake-Unterteile und drücken Sie beide Teile fest zusammen.

SCHRITT 10

Damit die Cupcakes noch hübscher aussehen, suche dir als Verzierung kleine Stoffblumen, Filzkugeln oder Holzperlen aus. Deine Mama kann sie aufkleben oder -nähen.

CUPCAKE-STAND

MATERIAL

* ★ 1 Weinkiste, z. B. 31 x 46 x 26 cm
* ★ 1 Tritthocker
* ★ Holzlasur, optional
* ★ Leinenstoff, 51 x 36 cm
  (für das Banner)
* ★ verschiedenfarbige Baumwollstoffe (für die Applikationen),
  je Topping 9 x 7 cm,
  je Unterteil 9 x 6 cm
* ★ Zackenlitze, etwa 30 cm lang
* ★ bezogene Knöpfe oder kleine
  Häkelblümchen
* ★ 2 Rundstäbe, je 80 cm lang,
  ø 8 mm
* ★ Paketklebeband
* ★ Kartons in verschiedenen
  Größen

Was darf ich machen?

* ★ *Einen schönen Stoff für das Banner
  und die Cupcake-Deko aussuchen*

* ★ *Das Banner wenden*

* ★ *Das Banner mit den Rundstäben an
  der Weinkiste befestigen*

* ★ *Deinen Laden einräumen und dir
  Preise für deine Ware überlegen*

SCHRITT 1

Stülpen Sie die Weinkiste über den Hocker. Wenn Sie möchten, können Sie beides vorher mit einer farbigen Holzlasur anstreichen.

SCHRITT 2

Schneiden Sie den Stoff für das Banner zu. Legen Sie ihn rechts auf rechts längs in Bruch und stecken Sie ihn fest. Nähen Sie ihn links und rechts an den Seiten, etwa 5 mm von der Kante entfernt, zusammen.

SCHRITT 3

Fertigen Sie Schablonen mithilfe der Vorlagen *Cupcake-Unterteil* und *Cupcake-Topping* von S. 112 an. Übertragen Sie die Umrisse je dreimal auf den Stoff und schneiden Sie sie aus.

SCHRITT 4

Jetzt darfst du das Banner wenden.

SCHRITT 5

Platzieren Sie die Cupcake-Applikationen auf dem Stoff und nähen Sie

1A

2

1B

5

diese auf. Nähen Sie als Verzierung eine Zackenlitze und bezogene Knöpfe oder Häkelblumen auf.

SCHRITT 6

Messen Sie rechts und links am Banner 1 cm ab, markieren Sie die Linien mit einem Zauberstift oder Schneiderkreide und nähen Sie dort mit einem Geradstich einmal entlang, sodass an beiden Seiten Tunnel für die Rundstäbe entstehen.

SCHRITT 7

Stecke das Banner durch die Tunnel auf die beiden Rundstäbe und fädle diese mithilfe deiner Mama durch die Seitenleisten der Weinkiste. Klebt die Stäbe von innen mit dem Paketklebeband fest.

SCHRITT 8

Nun kannst du deinen Cupcake-Stand mit den Köstlichkeiten hübsch dekorieren. Baue mit um-

gedrehten Kartons noch weitere Verkaufsflächen auf. Und schon hat dein Laden geöffnet.

SCHRITT 9

Der Cupcake-Stand lässt sich nach dem Spielen ganz einfach und platzsparend zusammenpacken: einfach alles in der Weinkiste verstauen, fertig!

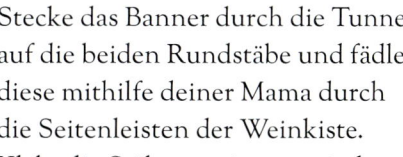

Kleiner Tipp

Der Stand sieht noch bezaubernder aus, wenn Sie dafür eine Tischdecke nähen. Wählen Sie dazu einen passenden Stoff aus, orientieren Sie sich bei den Maßen an Ihrer Weinkiste. Addieren Sie für den Stoff an der Länge und Breite jeweils 7 cm. Schlagen Sie die Stoffkanten ein und steppen Sie einmal rundherum.

Tipi für Großstadtindianer

Großstadtindianer aufgepasst! Mit diesem Tipi bleiben keine Wünsche offen. Es gibt so viele Möglichkeiten, es zu nutzen. Man kann darin mit Kissen kuscheln, sich vor anderen Häuptlingen verstecken oder sich verkriechen, wenn man seine Ruhe haben möchte. Aus diesem Grund gehört in jedes Zimmer ein Tipi – zumindest ein Mini-Tipi!

MATERIAL

* ★ Baumwollstoff, 270 x 140 cm
* ★ Baumwollkordel, etwa 2 m (für den Tunnel und zum abschließenden Fixieren)
* ★ Baumwollkordel, etwa 1 m (zum Verbinden der Stäbe)
* ★ 5 Gummischlaufen, je 10 cm
* ★ 6 Holz- oder Bambusstäbe, je 2 m, ø 1,5 cm
* ★ Bohrer

MASSANGABEN FÜR DEN ZUSCHNITT

* ★ 5 Trapeze, je 140 x 20 x 70 cm
* ★ 2 halbe Trapeze, je 140 x 10 x 35 cm

Was darf ich machen?

* ★ *Einen hübschen Stoff aussuchen*
* ★ *Beim Aufbauen helfen*
* ★ *Dein Tipi gemütlich einrichten*

SCHRITT 1

Fertigen Sie Schablonen mithilfe der in der untenstehenden Grafik eingetragenen Maßangaben an.

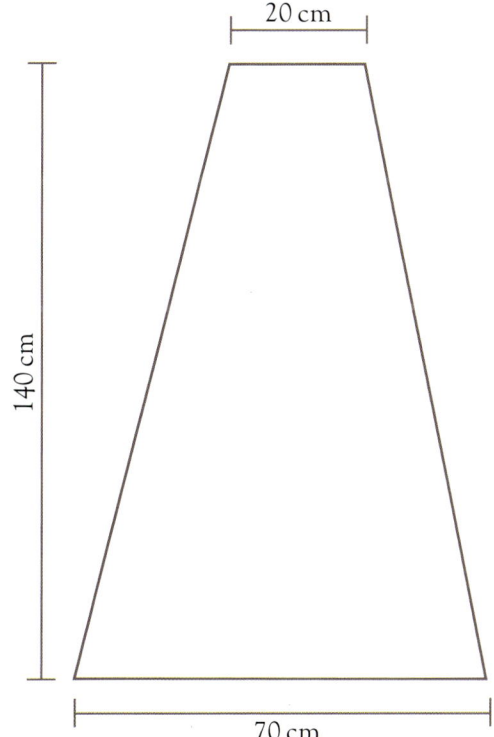

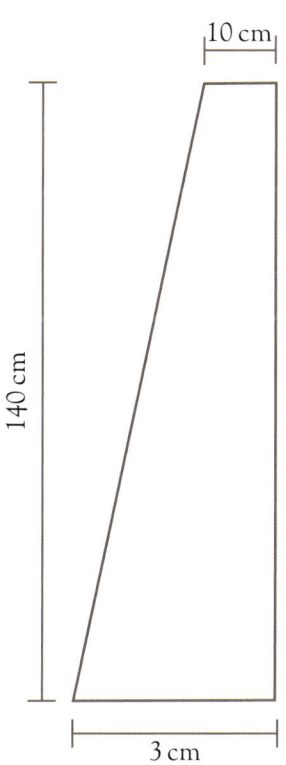

$25\text{--}30\,\mathrm{cm}$

Gummi-
schlaufe

SCHRITT 2

Legen Sie die Schablonen stoff-
sparend auf den Stoff, wie in der
Skizze links dargestellt. Anfang und
Abschluss bilden jeweils die halbier-
ten Trapeze für den Zelteingang.
Schneiden Sie den Stoff nun entsprechend zu.

SCHRITT 3

Stecken Sie die Trapeze mit Stecknadeln so zusammen, dass eine Zelt-
form entsteht. Achten Sie darauf,
dass Sie sie immer rechts an rechts
aneinanderstecken. Die halben
Trapeze für den Eingang werden an
den beiden Enden angebracht.

SCHRITT 4

Messen Sie nun jeweils von unten
25–30 cm ab und stecken Sie dort auf
der Innenseite des Tipis eine Gum-
mischlaufe fest. Nähen Sie alle Tipi-
teile aneinander und versäubern Sie
die Nähte mit einem Zickzackstich
oder mit der Overlockmaschine.

SCHRITT 5

Schlagen Sie nun alle Stoffkanten
zweimal ein und nähen Sie den
Saum rundherum fest.

SCHRITT 6

Schlagen Sie den oberen Teil des Zeltes noch einmal ein, um einen Tunnel für die Baumwollkordel zu erhalten. Nähen Sie den Tunnel und ziehen Sie eine Kordel durch.

SCHRITT 7

Messen Sie vom Ende der Holz- oder Bambusstäbe 10 cm ab, markieren Sie die Stelle und bohren Sie dort ein Loch durch die Stäbe.

SCHRITT 8

Binde zusammen mit deiner Mama alle Stäbe mit einer Baumwollkordel fest zusammen. Fädelt dafür die Kordel durch die Bohrlöcher. Jetzt könnt ihr das Tipi aufstellen.

SCHRITT 9

Legen Sie den Stoff um das Bambus-Tipigerüst, fädeln Sie die Stäbe durch die Gummischlaufen und ziehen Sie oben die Kordel fest zusammen. Wickeln Sie die restliche Kordel um die Stäbe und knoten Sie sie fest. Wickeln Sie eine weitere Baumwollkordel oder einen Stoffrest mehrfach um die Stäbe und knoten Sie eine schöne Schleife als Abschluss. Jetzt ist das Tipi fertig.

SCHRITT 10

Richtig gemütlich wird es in deinem Zelt, wenn du ein Fell oder ganz viele kuschelige Kissen hineinlegst.

Kleiner Tipp

Sie können nach dieser Anleitung auch ein kleines Mini-Tipi bauen. Verwenden Sie dazu die Vorlagen *Mini-Tipi* von S. 112. Sie benötigen einen passenden Stoff in den Maßen 72 x 23 cm, sechs dünne Bambusstäbe (je 30 cm Länge) und fünf Gummischlaufen (je 3 cm Länge).

Indianer-Kopfschmuck

Passend zum Tipi brauchen echte Indianer natürlich auch einen Feder-Kopfschmuck. Dieser hier ist innerhalb von fünf Minuten genäht – Regentanz inklusive. Großes Indianer-Ehrenwort! Und die Indianerkinder bekommen die schönsten und größten Federn.

MATERIAL

★ elastisches Samt- oder Satinband, 9 mm breit, etwa 50 cm lang
★ Federband, etwa 16–20 cm lang

Was darf ich machen?

★ Hübsche Federn aussuchen

★ In der Zeit, in der deine Mama näht, drehst du dich fünfmal im Kreis, springst so hoch du kannst, gibst deiner Mama vorsichtig einen Kuss, drehst dich fünfmal in die andere Richtung, klatschst in die Hände – fertig ist der Regentanz!

SCHRITT 1

Messen Sie den Kopfumfang Ihres Kindes ab und schneiden Sie das Samtband und das Federband entsprechend zu. Legen Sie das Federband mit der Vorderseite nach unten auf den Tisch. Platzieren Sie das Samtband auf dem Stoff des Federbands und schlagen Sie den Stoff einmal um, sodass er das Samtband einfasst.

SCHRITT 2

Nähen Sie nun das Samtband an das Federband. Legen Sie anschließend die Enden des Samtbands übereinander und nähen Sie sie mit der Hand zusammen.

Kleiner Tipp

Anstatt eines Federbands können Sie auch einzelne Federn verwenden. Nähen Sie diese von Hand an das Samtband.

Steckenpferd

Das Glück der Erde liegt auf dem Rücken der Pferde. Und so darf dieses Steckenpferd in keinem Kinderzimmer fehlen. Egal, ob für Indianer und Cowboys oder Ritter und Prinzessinnen: Ein Pferd ist der perfekte Freund und Spielgefährte. Und jetzt: hüa hott, mein Pferdchen!

MATERIAL

* Baumwollstoff, 33 x 33 cm (für den Pferdekopf und die Ohrenaußenseiten)
* verschiedenfarbige Baumwollstoffe, 12 x 16 cm (für die Ohreninnenseiten)
* Füllwatte
* dickes Wollknäuel
* CD-Hülle
* Stab, 90 cm, ø 1,5 cm
* Satinband
* Textilstift

SCHRITT 1

Fertigen Sie Schablonen mithilfe der Vorlagen *Steckenpferd-Kopf* und *Steckenpferd-Ohren* auf S. 120 an; vergessen Sie nicht, den Hals 3 cm nach unten zu verlängern. Übertragen Sie die Umrisse des Pferdekopfs auf einen doppelt liegenden Stoff und die Ohren jeweils auf zwei verschiedenfarbige Stoffe.

SCHRITT 2

Verstürzen Sie den Pferdekopf und die Ohren. Lassen Sie dabei die untere Seite des Pferdehalses und der Ohren offen. Setzen Sie Dehnungsschnitte an den Rundungen.

SCHRITT 3

Jetzt darfst du den Kopf und die Ohren wenden und sie mit Füllwatte ausstopfen.

SCHRITT 4

Schlagen Sie anschließend die offenen Seiten der Ohren nach innen ein und steppen Sie diese knappkantig ab.

Was darf ich machen?

* *Einen Stoff aussuchen*
* *Pferdeteile wenden und mit Füllwatte ausstopfen*
* *Beim Einkleben des Stabs helfen*
* *Augen und Nase aufmalen*
* *Dir einen Namen für dein Pferdchen überlegen*

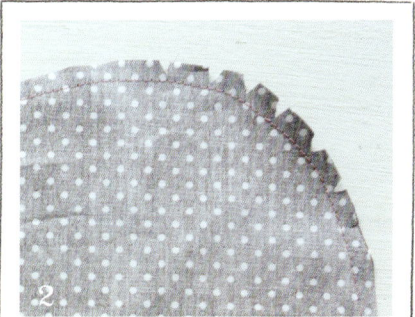

SCHRITT 5

Markieren Sie am Pferdekopf die Stellen der Ohren mit einer Nadel. Dazu halten Sie das Ohr am besten an den Pferdekopf, um zu sehen, wo es am besten sitzt. Nähen Sie die Ohren mit dem Zauberstich an.

SCHRITT 6

Für die Mähne wickeln Sie die Wolle etwa 15–20 Mal um eine CD-Hülle. Machen Sie mit einem weiteren Faden auf einer CD-Seite einen Doppelknoten um die Fäden herum und schneiden Sie die Wolle an der gegenüberliegenden CD-Seite auf. Stellen Sie sechs Wollbüschel her.

SCHRITT 7

Schlage die offenen Kanten des Pferdekopfs etwa eine Fingerbreite nach innen ein und drücke mit den Händen eine Mulde in die Füllwatte.

SCHRITT 8

Bestreichen Sie den Stab mit Heißkleber und drücken Sie ihn fest in die Mulde. Dabei kann Ihr Kind den Pferdekopf mit beiden Händen festhalten. Halten Sie den Stab ein Weile gedrückt, bis sich der Klebstoff mit der Watte verbunden hat.

SCHRITT 9

Füllen Sie nun den Pferdekopf mit Füllwatte auf. Drücken Sie dann den umgeschlagenen Stoff an den Stab und binden Sie ein Satinband darum. Machen Sie einen festen Knoten und eine Schleife.

SCHRITT 10

Male mit einen Textilstift Augen und Nase auf den Pferdekopf.

SCHRITT 11

Nähen Sie von Hand die Mähne an den Pferdekopf. Und schon kann losgeritten werden.

Traumfänger

Immer und immer wieder sind sie da, die bösen Albträume! Abhilfe schafft da ein Traumfänger. Wir haben extra eine schön engmaschige Spitze benutzt, damit die schlechten Träume keine Chance haben und auf jeden Fall eingefangen werden. Schlaf schön, mein Kind!

MATERIAL

★ Spitzenstoff oder eine gehäkelte kleine Decke, ø 17 cm
★ 1 Metallring, ø 15 cm
★ 1 Wollknäuel
★ Häkelnadel, Stärke 1
★ Holzperlen
★ Federn in verschiedenen Farben

SCHRITT 1

Schneiden Sie aus Spitzenstoff einen Kreis aus, der etwas größer ist als der Metallring.

SCHRITT 2

Legen Sie den Spitzenstoff unter den Ring und umhäkeln Sie die Spitze und den Ring mit dem Wollfaden.

SCHRITT 3

Knote an die untere Hälfte des Rings unterschiedlich lange Wollfäden. Fädle das Ende der Fäden jeweils durch eine Holzperle und mache einen Knoten darunter, damit die Perle nicht mehr herunterrutschen kann. Beim Zuknoten des Fadens wird eine Feder mit eingefasst.

Was darf ich machen?

★ *Eine schöne Wolle aussuchen*

★ *Die Traumbänder anknoten*

★ *Die Bänder mit Federn und Holzperlen verzieren*

Fische für kleine Angler

Für alle kleinen Hochbett-Angler kommt hier ein kleiner Fischschwarm angeschwommen. Auch in freier Wildbahn oder in der Badewanne kann man den schuppigen Freunden begegnen – einfach die Fische mit waschbarer Füllwatte füllen und ab an den See!

MATERIAL

★ Baumwoll-, Leinen- oder Jeansstoff,
  für kleine Fische: 14 x 16 cm
  für große Fische: 30 x 40 cm
★ kontrastfarbenen Baumwoll- oder Leinenstoff, je Flosse 15 x 15 cm
★ Baumwollkordel, 50 cm
★ Bambusstab, 80 cm

Was darf ich machen?

★ *Die Farben deiner Fische aussuchen. Möchtest du bunte Flossen oder einen einfarbigen Fisch?*

★ *Die Fische mit Füllwatte ausstopfen*

★ *Die Angelschnur an den Bambusstab knoten*

SCHRITT 1

Fertigen Sie Schablonen mithilfe der Vorlagen *Kleiner/Großer Fisch* und *Flossen* von S. 113 an. Übertragen Sie die Vorlage des ausgewählten Fischs auf einen doppelt liegenden Stoff und schneiden Sie ihn aus. Wenn Ihr Fisch auch Flossen bekommen soll, schneiden Sie diese jeweils zweimal aus einem kontrastfarbenem Stoff zu.

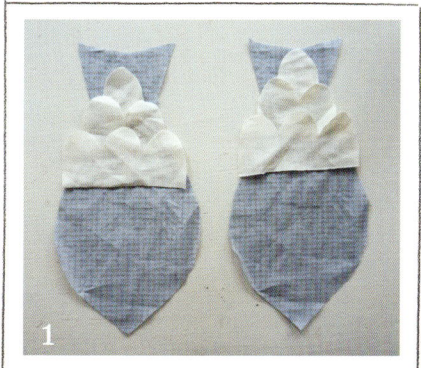

SCHRITT 2

Nähen Sie die Flossen jeweils auf die rechte Seite der Fischhälften. Bei den kleinen Fischen reicht es auch, wenn nur eine einzelne kleine Flosse angenäht wird.

SCHRITT 3

Legen Sie die beiden Fischteile links auf links aufeinander und stecken Sie beide Teile zusammen. Fixieren Sie eine Baumwollkordel als Angelleine mit einer Stecknadel an der Maulspitze des Fischs und nähen Sie nun, mit 5 mm Abstand zur Stoffkante, entlang der Fischsilhouette; lassen Sie nur an der Schwanzflosse eine Öffnung für die Füllwatte.

SCHRITT 4

Schneiden Sie die überstehenden Flossenteile zurück.

SCHRITT 5

Jetzt darfst du den Fisch mit Füllwatte ausstopfen. Das funktioniert am besten mithilfe des Bambusstabs. Anschließend knotest du das andere Ende der Kordel an den Bambusstab. Schon hast du den Fisch an der Angel!

SCHRITT 6

Fransen Sie die Seitennähte des Fischs mit der Hand oder einer Nadel ein wenig aus, so entsteht ein toller Vintage-Effekt.

Pompon-Teppich

Ein wolkenzarter Teppich aus vielen, vielen flauschigen Pompons. Dieses Projekt ist perfekt für lange Winter- oder Regentage, denn immer, wenn Sie und Ihre Kinder Lust haben, können Pompons gewickelt werden. Viel zu schade für den Boden? Er macht sich auch wunderbar als Sitzkissen auf dem Schaukelstuhl.

MATERIAL

* Baumwollstoff, für 100 Pompons, etwa 8 x 1,50 m
* Pompon-Werkzeug von *Prym®*
* Leinenzwirn
* Jutestoff, etwa 85 x 65 cm
* Antirutschteppich, etwa 85 x 65cm

SCHRITT 1
Reiße oder schneide zusammen mit deiner Mama den Baumwollstoff in etwa 1,50 m lange und 3 cm breite Streifen.

SCHRITT 2
Setzen Sie das Pompon-Werkzeug laut Herstelleranleitung zusammen.

SCHRITT 3
Umwickle die beiden Teile des Pompon-Werkzeugs mit den Stoffstreifen. Wenn beide Teile eng umwickelt sind, stecke sie zusammen.

Was darf ich machen?

* *Beim Reißen der Streifen helfen*
* *Beim Wickeln der Pompons helfen*
* *Die Pompons aufschneiden (wenn du schon mit der Schere umgehen kannst)*
* *Einen schönen Platz für den Teppich suchen*

Schritt 4

Wenn du schon mit der Schere umgehen kannst, darfst du die Stoffstreifen rundherum aufschneiden.

Schritt 5

Binden Sie mit einem festen Leinenzwirn den Pompon ab und machen Sie einen festen Doppelknoten. Den Faden lassen Sie hängen.

Schritt 6

Nun muss der Pompon nur noch zurechtgerückt und gegebenenfalls ein wenig nachgeschnitten werden.

Schritt 7

Zeichnen Sie die Teppich-Umrissform in Ihrer Wunschgröße auf den Jutestoff und übertragen Sie diese auch auf den Antirutschteppich.

Schritt 8

Fädeln Sie die beiden Pompon-Zwirnenden durch die kleinen Löcher im Jutestoff und ziehen Sie den Pompon straff an den Stoff. Binden Sie die Zwirnenden auf der Stoffrückseite fest zusammen. Befestigen Sie auf diese Weise alle Pompons am Teppich.

Schritt 9

Legen Sie den mit den Pompons bedeckten Jutestoff auf die Antirutschmatte und nähen Sie beide Teile, etwa 1 cm von Rand entfernt, rundherum von Hand zusammen.

Schritt 10

Suche für den neuen Teppich gemeinsam mit deiner Mama einen schönen Platz in der Wohnung aus. Er eignet sich besonders gut für das Badezimmer.

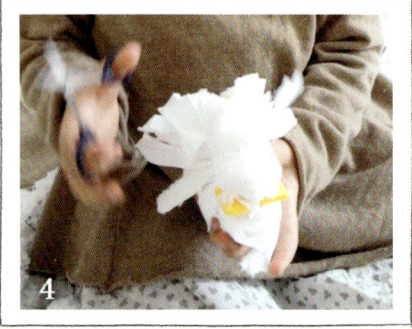

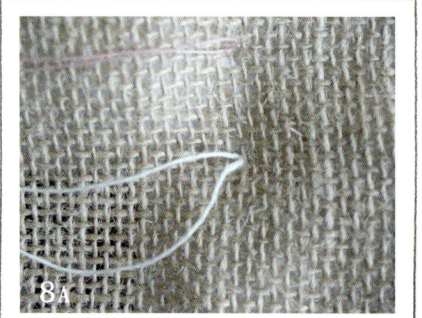

Gute Besserung

Pflaster und Pflasterdose

Wenn sich Kinder wehgetan haben, gibt es manchmal nur ein Rezept: ein Pflaster. Unsere selbst verzierten sind besonders schön. Wenn Sie die Pflaster ausgeschnitten und geklebt haben, ist das Wehwehchen vielleicht auch schon wieder vergessen – dann einfach in die Pflasterdose einsortieren oder die Puppenkinder verarzten.

PFLASTER AUS STOFF

MATERIAL

* Pflaster in verschiedenen Formen und Größen
* verschiedenfarbige Stoffreste
* doppelseitiges Klebeband

Was darf ich machen?

* Den Stoff auf die Pflaster kleben

* Die Pflaster ausschneiden (wenn du schon mit der Schere umgehen kannst)

* Die Pflaster an deinen Puppen und Kuscheltieren ausprobieren

SCHRITT 1

Kleben Sie doppelseitiges Klebeband auf die glatte Vorderseite des Pflasters. Schneiden Sie es auf die Größe des Pflasters zu.

SCHRITT 2

Nun darfst du den Stoff auf das Pflaster kleben. Lege den Stoffrest mit der schönen Seite nach unten auf den Tisch und ziehe die Folie vom Klebeband ab. Drücke das Pflaster jetzt mit der Klebeband-Seite fest auf den Stoff.

SCHRITT 3

Wenn du schon alt genug bist, mit der Schere umzugehen, dann schneide den Stoff um das Pflaster herum ab. Schon ist dein Pflaster einsatzbereit.

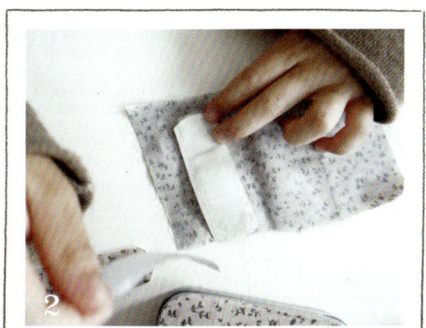

PFLASTERDOSE

MATERIAL

* kleine Aluminium- oder Metalldose
* Stoffreste, nach Größe der Dose
* doppelseitiges Klebeband
* Pflaster in verschiedenen Größen und Formen
* Pailletten, Häkelblümchen oder andere Kleinigkeiten zum Dekorieren, optional
* Heißklebepistole, optional
* Buchstabenstempel und Stempelkissen
* Rispenband

Was darf ich machen?

* *Den Stoff auf die Pflasterdose kleben*
* *Den überstehenden Stoff wegschneiden (wenn du schon mit der Schere umgehen kannst)*
* *Das Band bestempeln und auf die Dose kleben*
* *Die Pflaster in deine neue Dose einsortieren*

SCHRITT 1

Legen Sie die Dose auf den Stoff und zeichnen Sie den Umriss auf. Schneiden Sie den Stoff zu. Er kann ruhig ein wenig größer sein als der tatsächliche Umriss der Dose.

SCHRITT 2

Nun darfst du den Stoff mit doppelseitigem Klebeband auf die Dose kleben. Klebe dafür das Klebeband auf den Dosendeckel. Deine Mama hilft dir beim Zuschneiden des Klebebands. Lege den Stoff mit der schönen Seite nach unten auf den Tisch und ziehe die Folie des Klebebands ab. Drücke die Dose jetzt fest auf den Stoff.

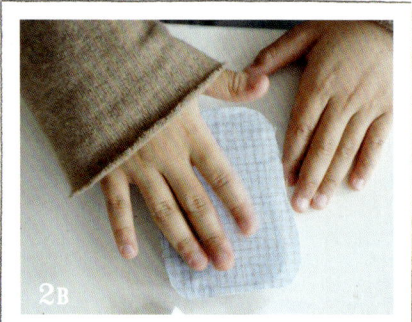

SCHRITT 3

Wenn du schon alt genug bist, mit der Schere umzugehen, dann schneide den Stoff rund um die Dose ab.

SCHRITT 4

Wenn Sie möchten, dekorieren Sie die Dose mithilfe der Heißklebepistole mit Pailletten, kleinen Häkelblümchen oder anderen schönen Kleinigkeiten.

SCHRITT 5

Bestemple das Rispenband mit Buchstaben, z. B. mit der Aufschrift „Pflaster". Klebe das Banner anschließend mit doppelseitigem Klebeband auf die Dose.

SCHRITT 6

Befülle die Dose nun mit den fertigen Pflastern. Jetzt kannst du alle großen und kleinen Wehwehchen verarzten.

Wolken-Kirschkernkissen

Wolken haben etwas unglaublich Beruhigendes. Meine Tochter kann stundenlang auf der Wiese liegen und sie bestaunen. Damit unsere Kleinen die sanften Himmelsriesen immer bei sich haben, gibt es hier ein wohlig-warmes Kirschkernkissen. Und wer es noch kuscheliger mag, näht die extraweiche Variante. Bauchweh ade und schöne Wolkenträume!

MATERIAL

* 2 verschiedenfarbige Baumwollstoffe, je 24 x 28 cm (sie können natürlich auch ein einfarbiges Kissen anfertigen)
* Kirschkerne
* Zauberstift

Was darf ich machen?

* *Den Stoff aussuchen*
* *Die Wolke wenden und mit vielen, vielen Kirschkernen oder Füllwatte befüllen*

SCHRITT 1

Fertigen Sie eine Schablone mithilfe der Vorlage von S. 114 an. Übertragen Sie Ihre Schablone auf den Stoff und schneiden Sie ihn zu.

SCHRITT 2

Legen Sie die erste Stoffwolke rechts auf rechts auf den zweiten Baumwollstoff und benutzen Sie diese als Vorlage. So erhalten Sie garantiert zwei identische Wolken.

SCHRITT 3

Wenn Sie ein Lachgesicht auf die Wolke nähen möchten, zeichnen Sie das Gesicht mit einem Zauberstift auf die rechte Stoffseite eines Wolkenumrisses. Bei einem hellen Stoff können Sie einfach die Vorlage unter den Stoff legen und das Gesicht abpausen. Nähen Sie nun mit der Nähmaschine mit einem einfachen Geradstich das Gesicht auf die Wolke.

SCHRITT 4

Stecken Sie beide Stoffteile rechts auf rechts fest und markieren Sie am unteren Teil der Wolke eine Wendeöffnung von etwa 12 cm.

SCHRITT 5

Verstürzen Sie nun die Wolke. Schneiden Sie den Stoff auf 8 mm Abstand zur Naht zurück und setzen Sie dann die Dehnungsschnitte an den Rundungen.

SCHRITT 6

Wende die Wolke durch die Wendeöffnung und fülle sie mit ganz vielen Kirschkernen.

SCHRITT 7

Schließen Sie die Wendeöffnung von Hand mit einer Zaubernaht.

Kleiner Tipp

Auf S. 115 finden Sie die Vorlage *Wolken-Kuschelkissen* für ein etwas größeres wohlig-weiches Kissen. Verwenden Sie am besten anstelle des Baumwollstoffs einen kuscheligen Teddystoff. Sie benötigen hierfür zwei Stoffteile jeweils in der Größe 25 x 17 cm. Folgen Sie der Anleitung des Kirschkernkissens, aber füllen Sie die Wolke anstatt mit Kirschkernen mit Füllwatte. Das reinste Kuschelvergnügen!

Zahnfee-Welt

Wenn die ersten Zähne anfangen zu wackeln, beginnt in jedem Kinderleben eine neue aufregende Zeit. Seit dem ersten Wackelzahn wohnt die kleine Zahnfee bei uns zu Hause. Sie hat ihr eigenes kleines Haus und wartet gespannt auf das Ausfallen des ersten Zahns. Denn in dieser Nacht macht sie sich zum ersten Mal auf den Weg zur Zahnkönigin ...

ZAHNFEE-HAUS

MATERIAL

* ★ 2 verschiedenfarbige Baumwollstoffe
  für das Dach: 18 x 32 cm
  für das Haus: 22 x 28 cm
* ★ schöne Stoffreste (für Tür, Schornstein und Zahnbeutel)
* ★ Füllwatte
* ★ 1 kleiner Knopf
* ★ weißer Stoff, 7 x 6,5 cm (für das Fenster)
* ★ Spitzenborte, etwa 15 cm

Was darf ich machen?

* ★ *Die Stoffe aussuchen*
* ★ *Das Haus wenden*
* ★ *Das Haus mit Füllwatte ausstopfen*

SCHRITT 1

Fertigen Sie Schablonen mithilfe der Vorlagen *Haus, Dach, Tür, Fenster* und *Zahnbeutel* von S. 119 an. Übertragen Sie die Vorlagen auf die entsprechenden verschiedenfarbigen Stoffe und schneiden Sie diese jeweils zweimal, ausgenommen den Zahnbeutel, der nur in einfacher Ausführung benötigt wird, zu. Schneiden Sie für den Schornstein ein kleines Rechteck mit den Maßen 1,5 x 3 cm zu.

SCHRITT 2

Nähen Sie die beiden Fensterteile jeweils mittig auf die obere Hälfte der rechten Stoffseite der Haus-Schnittteile. Verwenden Sie am besten einen Faden in einer Kontrast-

farbe und nähen Sie drei- bis viermal vor und zurück.

SCHRITT 3

Hinter der Tür soll sich ein Zahnbeutel befinden. Schlagen Sie dazu die obere Kante des Zahnbeutels zweimal 2 mm nach hinten ein und nähen Sie den Saum fest. Bügeln Sie die anderen Kanten nach innen und legen Sie den Beutel mittig an der unteren Kante des Hauses an. Nähen Sie ihn links und rechts mit einigen Millimetern Abstand zur Stoffkante fest. Die untere Seite des Beutels wird nach dem Ausstopfen des Hauses zusammen mit den anderen offenen Hauskanten geschlossen. Die Seite oben muss natürlich offen bleiben.

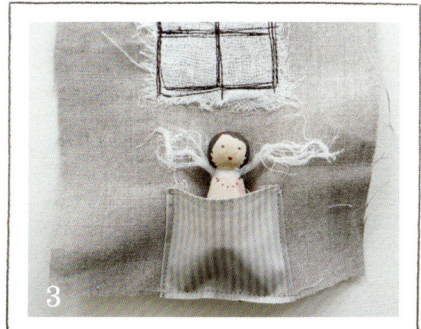

SCHRITT 4

Nähen Sie die beiden Türteile links auf links aufeinander; nähen Sie dafür mehrmals, einige Millimeter entfernt von der Stoffkante, vor und zurück. Stecken Sie die Türteile auf dem Zahnbeutel fest; lassen Sie dabei an der unteren Stoffkante etwa 5 mm Abstand zur Stoffkante des Hauses, damit die Tür später nicht mit den Hausteilen zusammengenäht wird. Festgenäht wird nur im Bereich zwischen den beiden gelben Nadelköpfen (siehe Foto).

SCHRITT 5

Nähen Sie nun die beiden Dachzuschnitte, mit der Dachspitze nach unten zeigend, jeweils rechts auf rechts auf die beiden Hausunterteile.

SCHRITT 6

Klappen Sie das Dach nach oben und stecken Sie den Schornstein an die rechte Dachseite; nähen Sie ihn knappkantig an. Schneiden Sie die Spitzenborte nach den Maßen der Dachunterkante zu und nähen Sie diese dort als Regenrinne an.

SCHRITT 7

Legen Sie die beiden Hausteile rechts auf rechts übereinander. Nähen Sie die Stoffteile zum Verstürzen zusammen. Die untere Kante wird offen gelassen.

SCHRITT 8

Jetzt darfst du das Haus wenden und mit Füllwatte ausstopfen.

SCHRITT 9

Schlagen Sie die untere Kante nach innen ein und schließen Sie die Öffnung mit einer Zaubernaht.

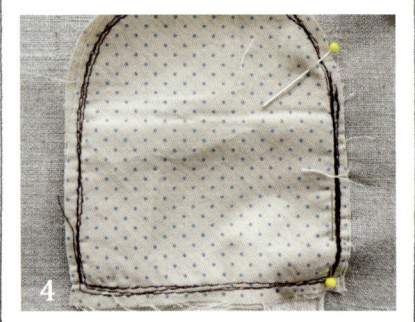

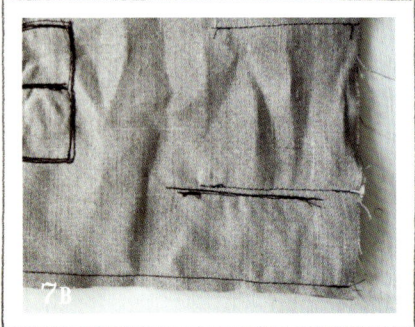

ZAHNFEE

MATERIAL

★ Holzfigur
★ Bleistift
★ Acrylfarbe
★ Acryllack, optional
★ kleiner feiner Pinsel
★ Zahnstocher
★ weißer Stoff, etwa 15 x 5 cm
(je nach Größe der Holzfigur)

SCHRITT 1
Zeichnen Sie die Haare und das Gesicht der Zahnfee mit Bleistift auf die Holzfigur.

SCHRITT 2
Malen Sie nun mit Acrylfarbe das Gesicht und die Haare auf. Für die kleinen Details eignen sich am

besten Zahnstocher. Wer möchte, kann die Zahnfee auch zusätzlich mit einem Klarlack lackieren. Lassen Sie die kleine Zahnfee trocknen.

SCHRITT 3
Schneide den Stoff für die Flügel zu und knote ihn mithilfe deiner Mama an den Hals der Feen.

Was darf ich machen?

★ *Dir einen Namen für deine Fee ausdenken*

★ *Den Stoff für die Flügel zuschneiden (wenn du schon mit der Schere umgehen kannst)*

★ *Die Flügelchen an die Fee knoten*

Märchenhaft schön

Schwert & Schild für Ritterkinder

*Ich glaube, jeder kleine Junge träumt davon, ein richtiger Ritter
zu sein. Doch was wäre ein Ritter ohne Schild und Schwert? Diese
kuschelweiche Rüstung lädt zu Ritterspielen ein, ganz ohne Verlet-
zungsgefahr! Und da er mit weicher Wolle oder Watte gefüllt ist,
kann der Ritterschild auch als Kissen mit ins Bett genommen werden.*

SCHILD

MATERIAL

* Leinenstoff, etwa 46 x 28 cm
  (für den oberen Schildteil)
* Baumwollstoff, etwa 60 x 40 cm
  (für den unteren Schildteil)
* Volumenvlies, 15 mm dick,
  44 x 40 cm
* 2 Knöpfe
* Knopfloch-Gummiband, etwa
  8 cm lang
* Füllwatte oder Schafwolle

SCHRITT 1

Fertigen Sie Schablonen mithilfe
der Vorlagen *Ritterschild oberer Teil*
und *Ritterschild unterer Teil A & B*
von S. 124/125 an. Setzen Sie die
beiden Teile der Vorlage *unterer Teil*
an der gepunkteten Markierungsli-
nie zusammen. Übertragen Sie die
Vorlage *oberer Teil* zweimal auf den
Leinenstoff und den *unteren Teil*
zweimal auf den Baumwollstoff. Beachten Sie, dass die Stoffe im Bruch
liegen müssen. Sie finden die ent-
sprechende Kennzeichnung in den
Vorlagen. Schneiden Sie nun die
Schnittteile entsprechend zu.

SCHRITT 2

Legen Sie jeweils das obere und das
untere Schild-Schnittteil an der ge-
kennzeichneten Linie (siehe Vorlagen) rechts auf rechts aufeinander,
so wie auf der Abbildung zu sehen,
und stecken Sie sie fest. Nähen Sie
die Teile an der oberen Seite, etwa
5 mm von der Stoffkante entfernt,
zusammen und bügeln Sie die Nahtzugaben flach.

SCHRITT 3

Verwenden Sie nun eines der fertig
zusammengenähten Schildteile als
Vorlage und schneiden Sie einen
weiteren Schild aus Vlies zu.

Was darf ich machen?

* *Den Stoff aussuchen – möchtest du
  einen farbigen oder einen grauen
  Schild?*

* *Deinen Schild wenden und mit
  Füllwatte ausstopfen*

* *Das Knopfloch-Gummiband an
  den Knöpfen befestigen*

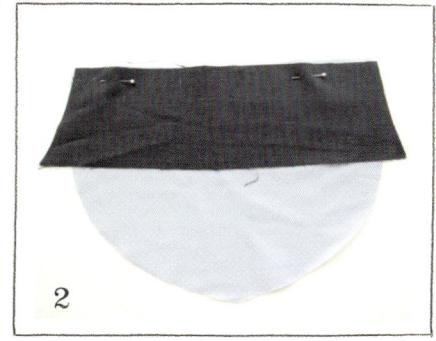

SCHRITT 4

Legen Sie die beiden Stoffschilde rechts auf rechts aufeinander, darauf legen Sie den Vliesschild. Stecken Sie die drei Schnittteile auf der Rückseite mit Stecknadeln fest, drehen Sie das Ganze um (der Vliesstoff liegt nun unten) und steppen Sie entlang der Schnittkanten, etwa 5 mm vom Rand entfernt. Lassen Sie an der geraden Seite eine Öffnung, um den Schild später bequem wenden zu können.

SCHRITT 5

Schrägen Sie die Ecken ab und setzen Sie Dehnungsschnitte an den Innenkurven.

SCHRITT 6

Jetzt darfst du den Schild wenden.

SCHRITT 7

Bügeln Sie den Schild vorzugsweise mit einem Dampfbügeleisen. Dadurch verbindet sich der Stoff mit dem Vlies und bekommt eine gute Festigkeit.

SCHRITT 8

Füttere den Ritterschild zwischen dem Stoff und der nicht mit dem Stoff verbundenen Vliesseite mit etwas Füllwatte oder Schafwolle, sodass er auch schön kuschelig wird und beim Spielen mehr Halt hat.

SCHRITT 9

Schließen Sie die Wendeöffnung mit einer unsichtbaren Zaubernaht.

SCHRITT 10

Messen Sie ein Knopfloch-Gummiband ab, sodass der Schild gut am Handgelenk Ihres Kindes hält. Nähen Sie auf einer Seite des Schilds per Hand mittig zwei Knöpfe in entsprechendem Abstand an.

SCHRITT 11

Befestige nun das Knopfloch-Gummiband an den Knöpfen und schnalle dir den Schild um dein Handgelenk. Schon können die Ritterspiele beginnen!

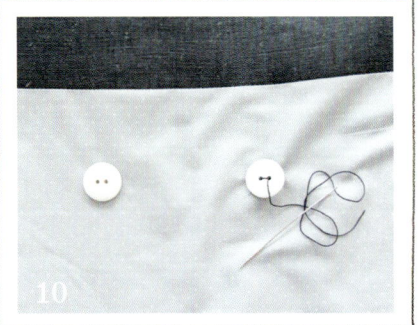

Kleiner Tipp

Besonders hübsch wird der Schild, wenn Sie über die vordere Verbindungsnaht der beiden Schildteile eine Borte steppen. Im Fachhandel gibt es sehr niedliche mit kleinen Drachen und Rittern.

SCHWERT

MATERIAL

- ★ Leinenstoff, etwa 48 x 22 cm (für den Griff)
- ★ Baumwollstoff, etwa 30 x 20 cm (für die Klinge)
- ★ Füllwatte oder Schafwolle
- ★ Holzstäbchen, optional

Was darf ich machen?

- ★ *Den Stoff aussuchen – möchtest du ein farbiges oder ein graues Schwert?*
- ★ *Das Schwert wenden*
- ★ *Den oberen Teil deines Schwerts ausstopfen*

SCHRITT 1

Fertigen Sie Schablonen mithilfe der Vorlagen *Schwertklinge* und *Schwertgriff* von S. 116/117 an. Sie können das Schwert auch beliebig verlängern. Übertragen Sie die Vorlagen jeweils zweimal auf den Stoff. Verwenden Sie für den Griff Leinenstoff und für die Klinge einen andersfarbigen Baumwollstoff. Schneiden Sie die Schnittteile zu.

SCHRITT 2

Legen Sie jeweils den Griff und die Klinge rechts auf rechts übereinander, so wie auf der Abbildung zu sehen. Steppen Sie die Teile mit einem Geradstich zusammen und bügeln Sie die Nahtzugaben flach.

SCHRITT 3

Legen Sie die beiden Schwertteile rechts auf rechts übereinander. Steppen Sie entlang der Schnittkanten, etwa 5 mm vom Rand entfernt; lassen Sie dabei die obere Kante des Griffs zum Wenden offen. Bügeln Sie das Schwert und schneiden Sie die Rundungen ein.

SCHRITT 4

Jetzt darfst du das Schwert wenden. Stopfe das Schwert fest mit Füllwatte oder Schafwolle. Mit einem Holzstäbchen klappt das ganz leicht.

SCHRITT 5

Schließen Sie die Wendeöffnung mit einer unsichtbaren Zaubernaht.

HALFTER

MATERIAL

* Lederreste oder dicker Filz, etwa 16 x 15 cm
* dicke Baumwollkordel, etwa 80 cm lang
* Lochzange

Was darf ich machen?

* *Mama helfen, die Löcher in das Halfter zu drücken*
* *Die Kordel durch die Löcher ziehen und einen Knoten machen*
* *Das Schwert durch das Halfter ziehen*

SCHRITT 1

Fertigen Sie eine Schablone mithilfe der Vorlage *Halfter* von S. 117 an. Übertragen Sie die Umrisse auf ein Stück Leder oder dicken Filz.

SCHRITT 2

Schneiden Sie das Halfter aus und machen Sie mit einer Lochzange Löcher an die markierten Stellen. Ihr Kind kann Ihnen beim Zudrücken der Lochzange helfen.

SCHRITT 3

Fädle mithilfe deiner Mama die Enden der Kordel jeweils durch die zwei Löcher und mache an den Enden einen festen Doppelknoten, sodass die Kordelenden nicht wieder durch die Löcher rutschen können.

SCHRITT 4

Ziehe das Halfter über das Schwert. Nun hast du einen praktischen Handschutz und kannst dir das Schwert bequem umhängen.

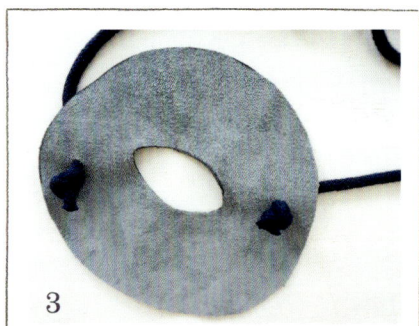

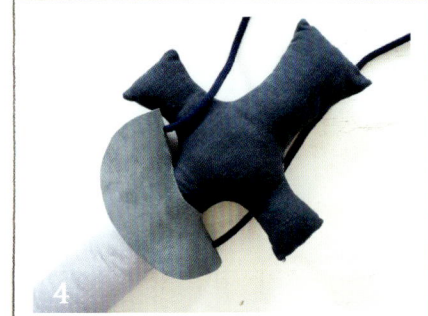

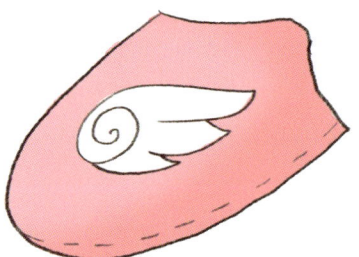

Kinderkrone

Für unsere kleinen Königskinder eine Krone. Egal, ob die klassische Variante für Könige und Prinzessinnen oder die verspielte Elfenkindkrone – man kann nie genug davon haben. Für kleine Elfenkinder ist sie ohnehin ein Muss. Und nicht zu vergessen, die Geburtstagskrone. An solch einem wichtigen Tag darf eine Krone natürlich nicht fehlen.

MATERIAL

* Baumwollstoff, etwa 50 x 34 cm
* Vlieseinlage, etwa 50 x 17 cm
* Holzstäbchen, optional
* 2 Rispenbänder, je 20 cm lang
* Spitzenstoff oder weicher Tüll, etwa 34 x 50 cm (für die Elfenkindkrone)
* Pailletten (für die Elfenkindkrone)

Was darf ich machen?

* *Den Stoff und die Schleifenbänder aussuchen*
* *Die Krone wenden*

SCHRITT 1

Sie können entscheiden, ob Sie eine große Krone für echte Könige oder ein kleines Krönchen für Prinzessinnen nähen wollen. Auf S. 121 finden Sie Vorlagen für beide Varianten. Fertigen Sie eine Schablone mithilfe der Vorlage *Krone* an. Beachten Sie, dass Sie die Vorlage spiegeln müssen, um die komplette Krone zu erhalten. Falten Sie am besten ein Papier im Bruch, übertragen Sie die Krone und falten Sie das Papier dann auseinander. So haben Sie die ganze Krone als Schnittmuster erstellt.

SCHRITT 2

Übertragen Sie die Vorlage auf den Stoff. Bitte achten Sie beim Übertragen darauf, dass der Stoff längs im Bruch liegt. Wenn Sie eine zweifarbige Krone zuschneiden möchten, geht das natürlich auch. In dem Fall werden die Kronenteile einfach einmal pro Farbe ausgeschnitten, dann allerdings nicht im Bruch!

SCHRITT 3

Schneiden Sie die Krone nun noch aus einer dicken Vlieseinlage (nur einfach, nicht im Bruch) zu und legen Sie die Kronenteile übereinander. Zuerst die Vlieskrone und darauf rechts auf rechts die Stoffkronen. Stecken Sie die Kronenteile mit Stecknadeln fest und nähen Sie die Teile mit einem Geradstich, etwa 5 mm parallel zur Schnittkante, zusammen. Lassen Sie dabei die beiden Seitenkanten offen.

SCHRITT 4

Bügeln Sie die Teile auf der Stoffseite zusammen. Durch die Hitze verbindet sich die Vlieseinlage mit dem Stoff und die Krone wird schön fest.

SCHRITT 5

Schneiden Sie die Nahtzugabe etwas zurück, schrägen Sie die Ecken ab und setzen Sie Dehnungsschnitte an alle Zacken und Ecken.

SCHRITT 6

Wende die Krone durch eine der Wendeöffnungen. Deine Mama hilft dir dabei. Nehmt für die Kronenzacken ein Holzstäbchen zuhilfe.

SCHRITT 7

Bügeln Sie alle Zacken und Ecken.

SCHRITT 8

Schlagen Sie die Wendeöffnungen ein und stecken Sie das Rispenband mittig auf beiden Seiten dazwischen fest. Verschließen Sie die Öffnungen mit einem Geradstich. Mit diesem Band können Sie die Krone je nach Kopfumfang anpassen.

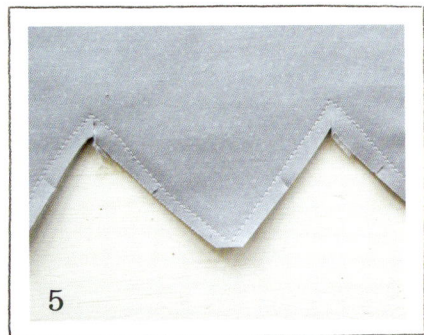

ELFENKINDKRONE

Aus der Kinderkrone können Sie im Handumdrehen auch eine Elfenkindkrone zaubern. Fahren Sie einfach mit folgenden Schritten fort:

SCHRITT 9

Schneiden Sie zusätzlich ein Stück Spitzenstoff oder weichen Tüll in der Größe 34 x 50 cm zu.

SCHRITT 10

Legen Sie die fertige Krone darauf und klappen Sie den Spitzenstoff nach oben, sodass beide Kronenseiten mit Stoff umgeben sind. Stecken Sie den Spitzenstoff an der Krone fest. Nähen Sie, mit etwa 5 mm Abstand zur Stoffkante, den Stoff rundherum an der Krone fest.

SCHRITT 11

Schneiden Sie den Spitzenstoff bis auf etwa 5 mm Abstand zu den Schnittkanten zurück.

SCHRITT 12

Befestigen Sie mit einfachen Handstichen Pailletten in unregelmäßigen Abständen auf einer Seite der Krone. So kann die Krone auf der einen Seite edel aussehen und auf der anderen elfenhaft funkeln. Auf, auf in den Zauberwald, meine kleine Elfenprinzessin!

Sternenzauber-Accessoires

Sternenzauber sollte unsere Kleinen immer umgeben. Mit diesen beiden raffinierten Accessoires, dem magischen Zauberstab und dem Haarschmuck, wird das Leben unserer kleinen Elfen, Feen und Sterntalerkinder noch einen Funken zauberhafter ...

STERNEN-ZAUBERSTAB

MATERIAL

- ★ Baumwollstoff, etwa 20 x 40 cm
- ★ Glitzer-Nähgarn
- ★ Füllwatte oder Schafwolle
- ★ Bambusstab, etwa 30 cm lang
- ★ Heißklebepistole oder Bastelkleber
- ★ Satinband, 10 mm breit und 20 cm lang
- ★ Pailletten
- ★ Glitzerpulver

Was darf ich machen?

- ★ Den Stoff und das Satinband aussuchen
- ★ Den Stern mit Füllwatte oder Schafwolle füllen
- ★ Den Zauberstaub auf den Stern pusten und loszaubern

SCHRITT 1

Fertigen Sie eine Schablone mithilfe der Vorlage *Stern groß* von S. 122 an.

SCHRITT 2

Übertragen Sie die Vorlage auf den Stoff. Legen Sie den Stoff doppelt (links auf links) und schneiden Sie den Stern aus. So erhalten Sie zwei identische Schnittteile. Lassen Sie die Sterne links auf links übereinandergelegt und stecken Sie sie in der Mitte mit einer Stecknadel fest.

SCHRITT 3

Die Naht ist bei diesem Projekt nicht verdeckt, sondern außen sichtbar, sodass durch die leicht ausfransenden Nähte ein Vintage-Effekt entsteht. Natürlich kann der Stern auch mit verdeckten Nähten genäht und später verstürzt werden. Steppen Sie nun mit einem Glitzer-Nähgarn, in etwa 5 mm Entfernung zum Rand, entlang der Stoffkante. Lassen Sie unten eine kleine Öffnung zum Ausstopfen.

SCHRITT 4

Stopfe die Füllwatte oder Schafwolle in den Stern. Das geht am besten mithilfe des Bambusstabs.

SCHRITT 5

Bestreichen Sie den Bambusstab mit Kleber und schieben Sie ihn durch die Öffnung des Sterns. Drücken Sie ihn hinein und warten Sie einen Moment, sodass sich der Kleber mit der Füllung verbindet.

SCHRITT 6

Geben Sie einen kleinen Tropfen Kleber in die Öffnung und drücken Sie die Stoffe zusammen, um die Öffnung zu schließen.

SCHRITT 7

Tropfen Sie zum Schluss noch etwas Kleber auf die untere Außenseite des Sterns, um das Satinband anzukleben. Wickeln Sie dieses nun ein- bis zweimal um den Bambusstab, verknoten Sie es und binden Sie eine hübsche Schleife als Abschluss. Wenn Sie möchten, dass der Stern schön funkelt, nähen Sie mit einfachen Handstichen Pailletten auf.

SCHRITT 8

Puste ein wenig Glitzerpulver auf den Zauberstern. Und schon kann losgezaubert werden!

Kleiner Tipp
Noch mehr feenhafte Zartheit erreichen Sie, wenn Sie eine Stoffsternseite mit einem Spitzenstoff verzieren und darauf die Pailletten festnähen.

STERNENZAUBER-HAARSCHMUCK

MATERIAL

* ★ Baumwollstoff, etwa 15 x 30 cm
* ★ Spitzenstoff oder weicher Tüll, etwa 17 x 17 cm, optional
* ★ Füllwatte oder Schafwolle
* ★ Holzstäbchen, optional
* ★ Hutgummiband oder elastisches Spitzenband, etwa 20 cm lang

Was darf ich machen?

* ★ *Den Stoff für die Sterne aussuchen*
* ★ *Den Stern mit Füllwatte oder Schafwolle füllen*
* ★ *Mit deiner Mama zusammen deine Kopfgröße abmessen, damit der Haarschmuck perfekt passt*

SCHRITT 1

Fertigen Sie eine Schablone mithilfe der Vorlage *Stern klein* von S. 122 an.

SCHRITT 2

Übertragen Sie die Vorlage auf den Stoff. Legen Sie den Stoff doppelt (links auf links) und schneiden Sie den Stern aus. So erhalten Sie zwei identische Schnittteile. Lassen Sie die Sterne links auf links übereinandergelegt und stecken Sie sie in der Mitte mit einer Stecknadel fest.

SCHRITT 3

Falls Sie einen noch verspielteren Look wünschen, schneiden Sie mithilfe der Schablone einen weiteren Stern aus Spitzenstoff oder weichem Tüll zu und stecken Sie ihn auf die beiden Stoffsterne.

SCHRITT 4

Die Naht ist bei diesem Projekt wie beim Zauberstab nicht verdeckt. Die leicht ausfransenden Nähte verleihen dem Stern einen Vintage-Look. Steppen Sie, mit etwa 5 mm Entfernung zum Rand, entlang der Stoffkante. Lassen Sie an einer Stelle eine kleine Öffnung.

SCHRITT 5

Jetzt darfst du mithilfe eines Holz-stäbchens die Füllwatte oder Schaf-wolle in den Stern stopfen.

SCHRITT 6

Schließen Sie die Öffnung mit einem Geradstich Ihrer Nähmaschi-ne oder mit Handstichen.

SCHRITT 7

Falten Sie das Gummiband einmal in der Mitte und befestigen Sie das Band an dieser Stelle mit einer Stecknadel mittig am Stern. Nähen Sie das Band mit einigen Hand-stichen an den Stern.

SCHRITT 8

Mithilfe deiner Mama kannst du nun an deinem Kopf abmessen, an welcher Stelle das Gummiband ge-schlossen werden muss. Knotet das Band zusammen und schneidet den überstehenden Rest zurück.

Tutu

Mit diesem zuckersüßen Tutu gehen Mädchenträume in Erfüllung. Denn es ist federleicht, traumhaft schön anzusehen und verwandelt jedes Mädchen in eine kleine Ballerina. Außerdem lässt es sich wunderbar alleine an- und ausziehen. Sobald ein wenig Musik erklingt, kann damit losgetanzt werden, kleine Primaballerina!

MATERIAL

★ Tüll, etwa 2–4 m
★ Gummiband, etwa 20–25 mm breit, Länge entsprechend dem Taillenumfang des Kindes
★ Satinband, optional

MASSANGABEN FÜR DIE TÜLLSTREIFEN

★ 1 Jahr: je 40 x 8 cm
★ 2–3 Jahre: je 60 x 8 cm
★ 4–5 Jahre: je 80 x 8 cm

SCHRITT 1

Schneiden Sie den Tüll anhand der Maßangaben auf der rechten Seite in Streifen. Legen Sie die Stoffbahnen zunächst zur Seite.

SCHRITT 2

Messen Sie den Taillenumfang Ihres Kindes und schneiden Sie das Gummiband entsprechend zu. Nähen Sie die Enden mit der Hand oder der Nähmaschine zusammen.

SCHRITT 3

Spanne das Gummiband um deinen Oberschenkel oder über eine Stuhllehne. Schon kann fleißig losgeknotet werden.

Was darf ich machen?

★ Die Farbe für dein Tutu aussuchen – lieber schneeweiß oder sogar zwei- oder dreifarbig?

★ Wenn du schon Knoten machen kannst, darfst du dein Tutu fast ganz alleine machen.

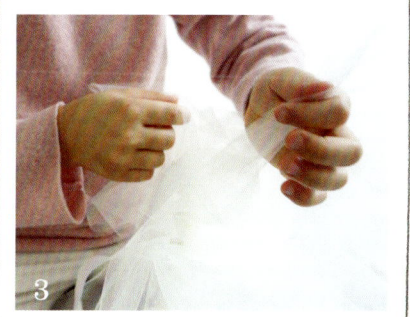

SCHRITT 4

Nimm ein Tüllband und lege es doppelt. Lege es um das Gummiband herum, sodass eine Schlaufe entsteht. Ziehe die langen Enden des Bands durch die Schlaufe hindurch und anschließend fest. Jetzt ist es am Band festgeknotet. Wiederhole das mit den anderen Tüllbahnen, bis das Band voll ist.

SCHRITT 5

Wenn du möchtest, kannst du zusätzlich ein Satinband in die Tüllbahn hineinknoten. So wirkt das Tutu noch verspielter. Und jetzt Bühne frei, kleine Primaballerina!

Kleidung & Accessoires

Mädchenrock Leela

Wir lieben Röcke! Sie sind bequem, passen zu allem und können mit dicken Strumpfhosen auch wunderbar im Winter getragen werden. Dieses Modell ist mit schönen großen Sachensucher-Taschen ausgestattet, die kleinen Entdeckern viel Platz für Fundstücke bieten.

MATERIAL

* Baumwoll- oder Leinenstoff, siehe Maßangaben unten (für den Rock)
* Baumwoll- oder Leinenstoff, 40 x 30 cm (für die Taschen)
* Spitzenband oder Zackenlitze, 130 cm lang
* Gummiband, 20 mm breit, Länge entsprechend dem Taillenumfang des Kindes
* Durchziehnadel, optional

MASSANGABEN FÜR DEN ZUSCHNITT

* Größe 1–2 Jahre: 42 x 30 cm (+ Vorlage *kleine Tasche*)
* Größe 3–4 Jahre: 52 x 32 cm (+ Vorlage *große Tasche*)
* Größe 5–6 Jahre: 62 x 40 cm (+ Vorlage *große Tasche*)

Was darf ich machen?

* Einen schönen Stoff und ein Spitzenband aussuchen – vielleicht möchtest du Taschen aus verschiedenfarbigen Stoffen?

* Zusammen mit deiner Mama deinen Taillenumfang abmessen

* Das Gummiband mit einer Durchziehnadel durch den Tunnel ziehen

SCHRITT 1

Fertigen Sie eine Schablone mithilfe der Vorlage *Rocktasche* von S. 122 an. Legen Sie den Stoff längs doppelt und übertragen Sie die Umrisse zweimal auf den Stoff, jeweils mit der geraden Kante am Stoffbruch. Schneiden Sie die Taschen aus; so erhalten Sie vier Stoffteile.

SCHRITT 2

Anhand der Größentabelle schneiden Sie zwei Rockteile zu und legen diese mit der rechten Seite nach oben auf den Tisch. Platzieren Sie jeweils auf den beiden Seiten der Rockteile rechts auf rechts liegend eine Tasche und stecken Sie sie fest. Achten Sie darauf, dass die Taschenteile auf exakt der gleichen Höhe angebracht werden müssen.

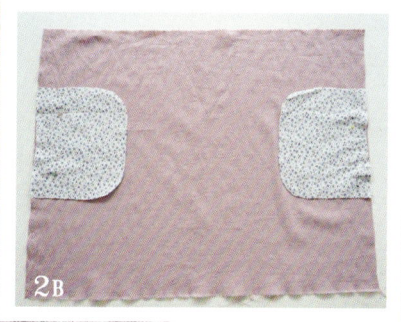

SCHRITT 3

Nähen Sie die Taschen jeweils knappkantig fest. Falten Sie die Taschen dann nach außen und bügeln Sie die Kanten fest.

SCHRITT 4

Legen Sie die beiden Rockteile rechts auf rechts übereinander, stecken Sie diese fest und nähen Sie mit einem normalen Geradstich oder einer Overlockmaschine die Seiten inklusive der Taschen zusammen. Wenn Sie den Rock mit einer einfachen Nähmaschine nähen, müssen die Seitennähte anschließend mit einem Zickzackstich versäubert werden.

SCHRITT 5

Schlagen Sie an der oberen Seite des Rocks zweimal 2 cm ein und nähen Sie einen Tunnel für das Gummiband. Lassen Sie eine kleine Öffnung, um später das Gummiband durchziehen zu können.

SCHRITT 6

Schlagen Sie den Saum des Rocks zweimal 1 cm ein und steppen Sie einmal entlang der Kante. Stecken Sie das Spitzenband oder die Zackenlitze fest und nähen Sie diese knappkantig an das Saumende.

SCHRITT 7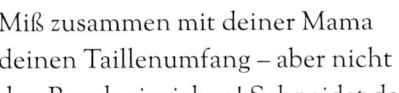

Miß zusammen mit deiner Mama deinen Taillenumfang – aber nicht den Bauch einziehen! Schneidet das

Gummiband an der richtigen Stelle ab. Nun darfst du das Gummiband mithilfe einer Durchziehnadel durch den Bündchentunnel ziehen.

SCHRITT 8

Nähen Sie die Enden des Gummibands zusammen und schließen Sie die Öffnung mit einer Zaubernaht.

Kleiner Tipp

Noch raffinierter und wärmer wird der Rock, wenn Sie ihn in einer anderen Farbe noch einmal nähen und diesen als Unterrock verwenden. Einfach beide Röcke übereinander anziehen und die kalte Jahreszeit kann kommen!

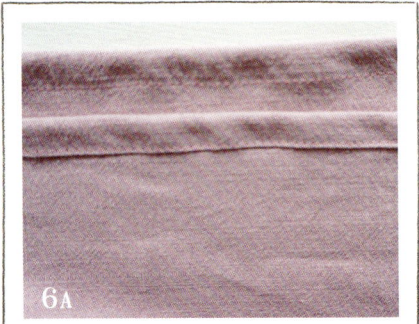

Schleifen, Schleifen, Schleifen

Am liebsten würden wir sie überall annähen, und genau aus diesem Grund tauchen sie in diesem Buch immer wieder auf. Wir nähen sie auf Röcke, machen aus ihnen Haarspangen oder verzieren damit ein Hemdchen. Die Möglichkeiten sind einfach endlos!

GROSSE UND KLEINE SCHLEIFEN

MATERIAL

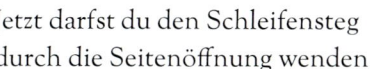

* Stoffreste aus Baumwolle oder Leinen, etwa 18 x 10 cm für die kleine Schleife oder etwa 33 x 15 cm für die große Schleife

Was darf ich machen?

* *Schöne Stoffreste aussuchen – soll deine Schleife einfarbig oder bunt sein?*

* *Die zusammengenähten Schnittteile wenden*

* *Dir überlegen, was du mit deiner Schleife machen möchtest. Soll sie an ein T-Shirt? Oder möchtest du lieber eine Haarspange?*

SCHRITT 1

Fertigen Sie je nach gewünschter Größe eine Schablone mithilfe der Vorlagen *Große* oder *Kleine Schleife* von S. 118 und dem passenden *Schleifensteg* an. Die Schleifenvorlage übertragen Sie zweimal auf den ausgewählten Stoff und schneiden ihn zu. Legen Sie den Stoff für den Schleifensteg doppelt und schneiden Sie den Steg einmal, wie auf der Vorlage vermerkt, im Bruch zu.

SCHRITT 2

Falten Sie den Stoff des Schleifenstegs einmal längs, sodass der Stoff rechts auf rechts liegt und nähen Sie mit dem Geradstich die lange Seite zu.

SCHRITT 3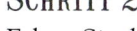

Jetzt darfst du den Schleifensteg durch die Seitenöffnung wenden.

SCHRITT 4

Die Schnittteile der Schleife legen Sie rechts auf rechts übereinander und steppen einmal, etwa 5 mm vom Rand entfernt, entlang der Kante. Setzen Sie Dehnungsschnitte an den Rundungen. Schneiden Sie auf einer Seite vorsichtig mit einer Stickschere eine kleine Öffnung zum Wenden mittig in den Stoff.

SCHRITT 5

Nun kannst du auch die zusammengenähte Schleife wenden.

SCHRITT 6

Schließen Sie die Öffnung mit Handstichen und bügeln Sie die Rundungen glatt.

SCHRITT 7

Schlagen Sie die beiden Öffnungen des Schleifenstegs etwa 1,5 cm ein und bügeln Sie den Steg glatt.

SCHRITT 8

Legen Sie den Schleifensteg mittig um die Schleife. Achten Sie dabei darauf, dass die kleine zugenähte Wendenaht der Schleife auf der Rückseite liegt. Stecken Sie die beiden Öffnungen des Stegs soweit ineinander, bis die Schleife schöne Falten wirft.

SCHRITT 9

Nähen Sie die beiden Stegteile von Hand zusammen.

SCHRITT 10

Nun ist die Schleife fertig und du darfst fröhlich mit der Schleifendekoration beginnen.

SCHLEIFEN-HAARSPANGE

MATERIAL

* Haarspange
* eine große oder kleine Schleife nach der Anleitung von S. 87/88

Was darf ich machen?

* Dir die fertige Haarspange ins Haar klemmen

SCHRITT 1

Nähen Sie eine kleine oder große Schleife wie auf den beiden vorhergehenden Seiten beschrieben.

SCHRITT 2

Klemmen Sie die Haarspange zwischen Schleife und Schleifensteg. Und schon kann die süße Haarspange in die Haare gesteckt werden.

SCHLEIFEN-SOMMERSHIRT

MATERIAL

* ★ einfaches weißes Unterhemd
* ★ eine große oder kleine Schleife nach der Anleitung von S. 87/88

Was darf ich machen?

* ★ Einen schönen Stoff für deine Schleife aussuchen
* ★ Dir überlegen, wo die Schleife angenäht werden soll

SCHRITT 1

Nähen Sie die Schleife wie auf Seite 87/88 beschrieben.

SCHRITT 2

Hast du dir schon einen schönen Platz für die Schleife ausgesucht? Sehr hübsch sieht sie beispielsweise rechts oben am Träger aus. Du kannst sie natürlich auch an einer anderen Stelle anbringen. Probiere einfach verschiedene Stellen aus, um den idealen Platz für deine zauberhafte Schleife zu finden.

SCHRITT 3

Stecken Sie die Schleife fest und nähen Sie diese mit der Nähmaschine an dem Hemd fest. Schieben Sie dafür den Schleifensteg etwas zur Seite oder klappen Sie ihn um, damit Sie die Schleife gut mit der Nähmaschine erreichen können. Wenn Sie die Schleife und den unteren Steg am Shirt festgenäht haben, ziehen Sie den den oberen Teil des Schleifenstegs einfach über die kleine Naht. Natürlich kann die Schleife auch mit Nadel und Faden festgenäht werden.

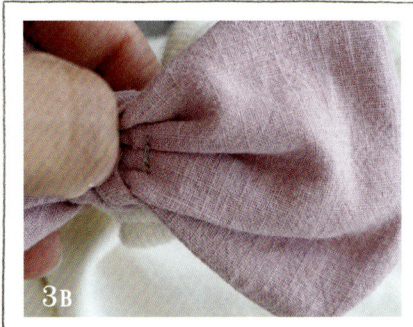

Kindershirt mit Applikation

Gibt es etwas Schöneres als ein Shirt, das mit dem Lieblingstier dekoriert ist? Hier im Buch finden Sie Vorlagen für ein Reh und einen Dino – aber natürlich kann auch jedes andere Tierchen auf den Stoff gezeichnet werden. Diese Tier-Shirts eignen sich übrigens auch wunderbar als Geburtstagsgeschenk für kleine und etwas größere Kinder.

MATERIAL

★ T-Shirt oder Longsleeve
★ Baumwollstoff, 21 x 16 cm
★ Vliesofix®, 21 x 16 cm
★ feuchtes Geschirrhandtuch
★ kleines Schleifchen oder Glöckchen

SCHRITT 1

Fertigen Sie eine Schablone mithilfe der Vorlagen *Dino* oder *Reh* von S. 123 an.

SCHRITT 2

Legen Sie den Stoff und das *Vliesofix®* übereinander. Die rechte Stoffseite liegt dabei unten, das *Vliesofix®* wird also mit der rauen Seite auf der linken Stoffseite platziert. Bügeln Sie es 1–2 Minuten, bis sich der Stoff und das *Vliesofix®* miteinander verbunden haben.

SCHRITT 3

Stecken Sie nun die Tierschablone spiegelverkehrt auf dem Stoff fest. Dafür eignet sich die *Vliesofix®*-Seite am besten, denn darauf kann anschließend gut mit einem Stift gezeichnet werden.

Was darf ich machen?

★ *Einen schönen Stoff aussuchen*

★ *Zusammen mit deiner Mama das Tier auf das Vliesofix® übertragen*

★ *Das Vliesofix®-Papier von dem Tier abziehen*

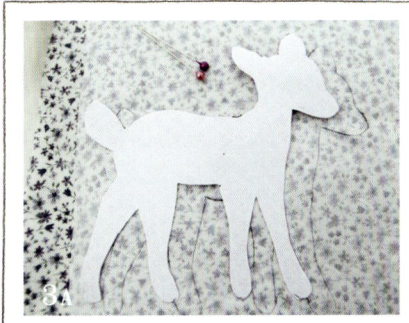

SCHRITT 4

Jetzt kannst du das Tier mithilfe der Schablone auf den Stoff malen.

SCHRITT 5

Schneiden Sie das vorgezeichnete Tier vorsichtig aus.

SCHRITT 6

Ziehe das Papier des *Vliesofix*® ab und lege das Tier auf das Shirt, sodass die Stoffseite oben liegt.

SCHRITT 7

Legen Sie darauf ein feuchtes Geschirrtuch und bügeln Sie mit etwas Druck 1–2 Minuten auf Stufe 2 über das gesamte Tier. Entfernen Sie das Geschirrtuch und bügeln Sie das Shirt so lange auf niedriger Stufe, bis es trocken ist.

SCHRITT 8

Nähen Sie mit einem einfachen Geradstich einmal den Umriss des Tieres nahe der Stoffkante nach, damit sich die Applikation beim Waschen nicht wieder ablöst. Wenn Sie möchten, kann das Tier noch mit einem Schleifchen oder Glöckchen verziert werden.

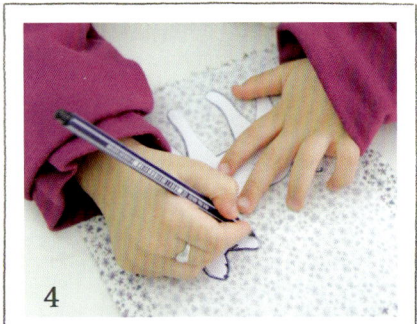

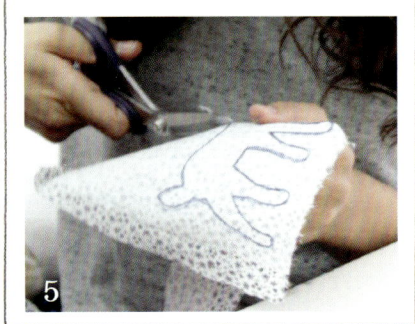

Mädchenkleid Linchen

Dieses Kinderkleidchen ist der perfekte Begleiter für jeden Tag, egal, ob zum Sonntagskaffee oder zum wilden Auf-Bäume-Klettern. Es kann aus Baumwoll- oder Leinenstoff genäht werden und je nach Zusammenstellung des Stoffs sehr edel oder eher verspielt aussehen.

MATERIAL

* Baumwoll- oder Leinenstoff, siehe Maßangaben (für das Kleid)
* Baumwollstoff, siehe Maßangaben (für das Schleifenband)
* Spitzenborte, etwa 1 m lang
* Durchziehnadel, optional

Was darf ich machen?

* *Die Stoffe und das Spitzenband aussuchen*

* *Die Schablone für den Arm-ausschnitt (wenn du schon mit der Schere umgehen kannst)*

* *Das Schleifenband mit einer Durchziehnadel durch die Öffnung des Kleids ziehen*

MASSANGABEN FÜR DEN ZUSCHNITT

Für das Kleid

* Größe: 1 Jahr
  Baumwollstoff, 46 x 72 cm
* Größe: 2–3 Jahre
  Baumwollstoff, 54 x 88 cm
* Größe: 3–4 Jahre
  Baumwollstoff, 58 x 96 cm
* Größe: 5–6 Jahre
  Baumwollstoff, 64 x 100 cm
* Größe: 6–7 Jahre
  Baumwollstoff, 66 x 106 cm

Für die Ärmelausschnitte

* Größe: 1–4 Jahre
  Vorlage Ärmelausschnitt klein
  von S. 118
* Größe: 5–7 Jahre
  Vorlage Ärmelausschnitt groß
  von S. 118

Für das Schleifenband

* Größe: 1–3 Jahre
  Baumwollstreifen, 120 x 8 cm
* Größe: 4–7 Jahre
  Baumwollstreifen, 130 x 10 cm

SCHRITT 1

Wenn du schon mit der Schere umgehen kannst, darfst du die Schablone für den Ärmelausschnitt ausschneiden. Deine Mama sollte vorher die Vorlage *Ärmelausschnitt* von S. 118 kopieren.

SCHRITT 2

Schneiden Sie die Stoffe für das Kleid gemäß der Maßangaben zweimal zu und legen Sie die beiden Stoffstücke für das Kleid rechts auf rechts aufeinander. Stecken Sie die Stoffteile in der Mitte zusammen.

SCHRITT 3

Legen Sie nun die Ärmelausschnittschablone an der oberen Stoffkante der Kleid-Schnittteile so an, dass die lange Seite der Schablone an der langen Seite der Stoffteile anliegt. Die Rundung liegt demnach innen und bildet so das Armloch. Schneiden Sie den Armauschnitt aus. Verfahren Sie genauso auf der gegenüberliegenden Seite.

SCHRITT 4

Stecken Sie die Seitennähte mit Stecknadeln fest.

SCHRITT 5

Schließen Sie die Seitennähte mit einem normalen Geradstich und versäubern Sie die Kanten mit einem Zickzackstich oder mit einer Overlockmaschine. Versäubern Sie auch den unteren Saumteil des Kleids, so muss er später zum Annähen des Spitzenbands nur noch einmal umgeschlagen werden.

SCHRITT 6

Schlagen Sie die Stoffkanten am Armausschnitt zweimal ein und stecken Sie ihn fest. So kann die Rundung problemlos genäht

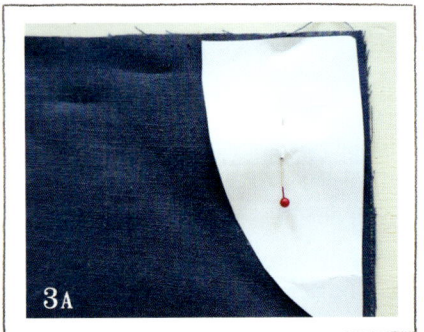

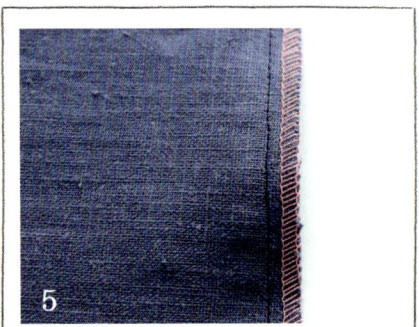

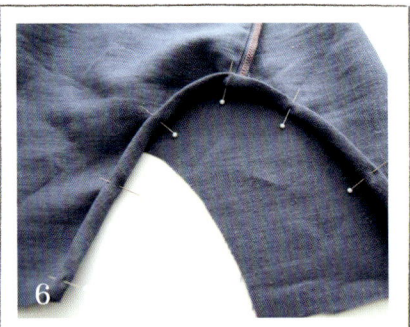

werden. Wenn Sie beim Nähen an der oberen Kante beginnen und den Stoff immer straff ziehen, erzielen Sie ein ordentliches Nähbild.

Schritt 7

Schlagen Sie die Stoffkanten am Halsausschnitt ebenfalls 5–6 cm ein und nähen Sie einen Tunnel.

Schritt 8

Schlagen Sie den Saum des Kleids 2 cm ein und stecken und nähen Sie ihn fest. Schieben Sie das Spitzenband unter den Stoff und nähen Sie es innen an den Kleidchensaum.

Schritt 9

Schneiden Sie den Stoff für das Schleifenband entsprechend der Maßangaben zu. Falten Sie den zugeschnittenen Stoff einmal längs, sodass die rechten Seiten aufeinanderliegen. Stecken und nähen Sie die lange Seite und eine kurze Seite zu. Die Nähte können anschließend noch mit einem Zickzackstich oder mithilfe einer Overlockmaschine versäubert werden. Wenn auf beiden Schultern Schleifen gewünscht werden, kann der fertig genähte Stoffstreifen einfach in der Mitte geteilt werden.

Schritt 10

Wenden Sie das Band – am besten funktioniert das mit der Wendehilfe von *Prym*®. Nun den Bindestreifen glatt bügeln, die offene Seite etwa 1 cm einschlagen, erneut bügeln, feststecken und zunähen.

Schritt 11

Nun kannst du das Schleifenband mit einer Durchziehnadel durch den Tunnel am Halsausschnitt ziehen. Und schon ist das neue Lieblingskleid fertig!

7

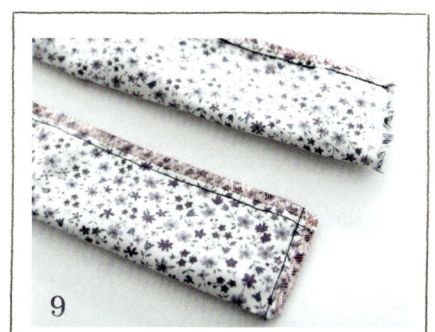

9

8

10

Tuch mit geflochtenen Enden

Von Halstüchern kann man doch nie genug haben, oder? Sie schützen nicht nur unseren Hals vor kaltem Wind und halten uns kuschelig warm, sondern sehen auch noch hübsch aus. Darüber hinaus sind sie natürlich modische Accessoires, die jedes Outfit aufpeppen.

MATERIAL

* ★ Baumwollstoff, 65 x 65 cm (für das Tuch)
* ★ Baumwollstoff, 30 x 70 cm (für die Bänder)
* ★ Pomponborte, etwa 130 cm

Was darf ich machen?

★ *Den Stoff aussuchen*

★ *Den Stoff für die geflochtenen Tuchenden einschneiden (wenn du schon mit der Schere umgehen kannst)*

★ *Die Stoffbänder reißen*

★ *Zusammen mit deiner Mama die Bänder für die Tuchenden flechten*

★ *Das Tuch wenden*

SCHRITT 1

Schneiden Sie die Stoffteile anhand der Maße in der Materialliste zu. Legen Sie den Stoff für die geflochtenen Bänder vor sich auf den Tisch.

SCHRITT 2

Schneide mithilfe deiner Mama den Stoff für die Bänder an der kürzeren Seite alle 5 cm ein. Dann reißt du den Stoff einfach in sechs Streifen.

SCHRITT 3

Nehmen Sie drei Streifen und knoten Sie diese an einem Ende zusammen.

2B

SCHRITT 4

Jetzt kannst du deiner Mama beim Flechten helfen. Anschließend fixiert ihr das offene Ende eurer fertigen Flechtwerke mit einer Steck- oder Sicherheitsnadel. Wiederholt diesen Schritt mit den drei restlichen Bändern.

SCHRITT 5

Legen Sie den Stoff für das Tuch mit der rechten Seite nach oben vor sich auf den Tisch. Falten Sie es einmal quer, sodass ein Dreieck entsteht. Wenn Sie möchten, runden Sie die Spitzen des Dreiecks ab. Stecken Sie die Pomponborte entlang der beiden kurzen Dreiecksseiten fest, sodass die Pompons innen liegen (also auf der rechten Stoffseite).

SCHRITT 6

Die beiden geflochtenen Bänder werden nun an den spitzen Winkeln des Dreiecks festgesteckt, sodass die Bänder mit dem Knoten innen liegen (also auf der rechten Stoffseite). Nur das offene festgesteckte Ende ragt etwa 2 cm weit nach außen.

SCHRITT 7

Nähen Sie das Dreieck an den Seiten, etwa 1 cm von der Stoffkante entfernt, zusammen. Achten Sie darauf, dass das Pomponband dabei mit eingefasst wird.

SCHRITT 8

Schneiden Sie vorsichtig mittig an der oberen langen Kante eine 10 cm lange Wendeöffnung ein.

SCHRITT 9

Jetzt darfst du das Tuch durch die kleine Öffnung wenden.

SCHRITT 10

Schlagen Sie die offenen Kanten 4 mm ein und nähen Sie die Öffnung mit einer Zaubernaht wieder zusammen.

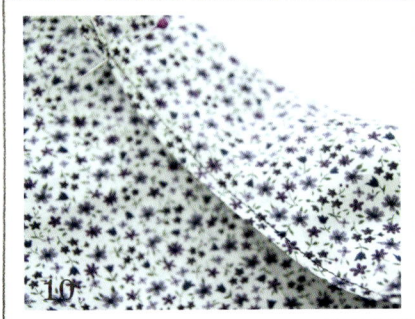

Tasche für dies und das

In diese kleine und schnell zu nähende Tasche passt ideal ein Schlafanzug für eine Übernachtung bei der liebsten Freundin. Sie kann aber auch für andere Wunderdinge verwendet werden. Wir benutzen sie beispielsweise als Freundschaftsbuch-Transport-Tasche, um sie immer von Haken zu Haken in der Kita wandern zu lassen.

MATERIAL

* Baumwollstoff, 28 x 72 cm (für die Tasche)
* Baumwollstoff, 33 x 7 cm (für die Henkel)
* Applikationen und Deko, nach Wunsch

Was darf ich machen?

* *Dir einen Stoff aussuchen*
* *Dir überlegen, was deine Mama auf die Tasche aufnähen soll. Möchtest du eine Sternenzauber-Tasche oder soll vielleicht ein kleiner Fuchs darauf wohnen? Möchtest du eine Dinowelt oder doch ein kleines Reh?*

SCHRITT 1

Schneiden Sie die Stoffteile für Tasche und Henkel anhand der Maße in der Materialliste zu. Falten Sie den Stoff für die Tasche mittig, sodass er rechts auf rechts im Bruch liegt, und stecken Sie die Seiten fest.

SCHRITT 2

Nähen Sie, etwa 1 cm von der Stoffkante entfernt, die Taschen auf beiden Seiten zusammen. Versäubern Sie die Seitennähte mit dem Zickzackstich Ihrer Nähmaschine oder einer Overlockmaschine.

SCHRITT 3

Falten Sie den Henkelstoff an der langen Stoffseite (rechts auf rechts). Nähen Sie entlang der langen Seite und versäubern Sie die Nähte mit dem Zickzackstich oder einer Overlockmaschine. Wenden Sie die Henkel anschließend.

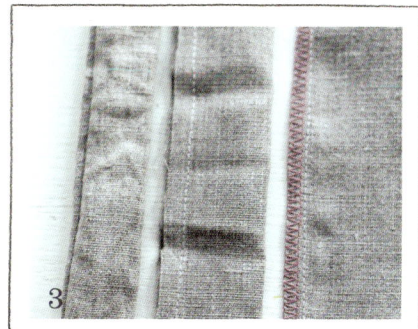

SCHRITT 4

Schneiden Sie nun den Stoff in der Mitte durch, sodass Sie zwei Henkel erhalten. Schlagen Sie die offenen Enden jeweils 1 cm ein und bügeln Sie diese.

SCHRITT 5

Schlagen Sie nun die oberen Stoffkanten der Tasche zweimal 3 cm ein und stecken Sie sie fest. Platzieren Sie die Henkel jeweils mit 3 cm Abstand zu den Taschenseiten an den eingeschlagenen Taschenkanten. Nähen Sie die eingeschlagenen Kanten inklusive der Henkel mit dem Geradstich rundherum fest.

SCHRITT 6

Nähen Sie auf den unteren Teil des Henkels ein Kreuz. So wird die Tasche noch stabiler.

SCHRITT 7

Dekorieren Sie die Tasche ganz nach den Wünschen Ihres Kindes. Besonders gut eignen sich die im Buch enthaltenen Sterne (S. 122), Schleifen (S. 118), die Reh- und Dino-Applikationen (S. 123) und der Fuchs (S. 113).

Kleiner Tipp

Wenn Sie etwas direkt auf die Tasche applizieren möchten, z. B. das kleine Reh oder den Dino von S. 123, legen Sie die Applikation nach Schritt 1 auf die gewünschte Stelle. Stecken Sie sie fest, klappen Sie den Stoff wieder auseinander und nähen Sie die Applikation fest. Fahren Sie mit Schritt 2 fort.

Brosche kleiner Fuchs

Es war einmal ein kleiner Fuchs namens Finn, der auf der Suche nach seiner Freundin Fee täglich durch den Wald streifte. Wir helfen dem kleinen Finn und nähen seine Füchsin Fee. So können es sich beide an einer Kinderjacke oder auf einer Tasche gemütlich machen und sich gegenseitig Geschichten aus dem Zauberwald erzählen.

MATERIAL

* Filz oder Leder in Orange oder Weiß, 10 x 7 cm (für den Fuchs-kopf)
* Filz in Weiß, 5 x 4 cm (für die Lefzen)
* Filz in Braun, 1,5 x 1,5 cm (für die Nase)
* schwarzer Kugelschreiber
* Bastelkleber
* starkes Knopflochgarn
* Broschennadel, etwa 2,5–3 cm lang
* Schmuckkleber

Was darf ich machen?

* *Dir eine Farbe für deinen Fuchs aussuchen*
* *Den Fuchs ausschneiden (wenn du schon gut mit der Schere umgehen kannst)*
* *Die Lefzen und die Nase aufkleben*
* *Die Augen aufmalen*

SCHRITT 1

Fertigen Sie mithilfe der Vorlagen *Kopf, Nase und Lefze* von S. 113 Schablonen an.

SCHRITT 2

Legen Sie diese Schablonen auf den Filz oder das Leder und zeichnen Sie mit einem Kugelschreiber die Umrisse ab. Die Lefzen benötigen Sie in zweifacher Ausführung.

SCHRITT 3

Schneide ganz vorsichtig den Fuchs-kopf aus. Lass dir bei den kleinen Teilen, den Lefzen und der Nase, von deiner Mama helfen.

SCHRITT 4

Klebe mithilfe deiner Mama die Lefzen und die Nase mit Bastel-kleber auf den Fuchs.

SCHRITT 5

Bei der Variante aus Filz sollten Sie für einen besseren Halt den Fuchs-kopf zweimal ausschneiden und mit Bastelkleber zusammenkleben. Umnähen Sie den Fuchs aus Filz anschließend mit einem starken Knopflochgarn mit einem Zierstich.

SCHRITT 6

Jetzt darfst du mit dem Kugelschrei-ber die Augen aufmalen.

SCHRITT 7

Drehen Sie den Fuchs um und kle-ben Sie die Broschennadel mit Schmuckkleber auf die Rückseite.

Haargummis aus bezogenen Knöpfen

Meine Tochter liebt es, diese kleinen Kostbarkeiten herzustellen, sie zu tragen und vor allem an ihre Freundinnen zu verschenken. Ich freue mich immer, dass so meine kleinen Stoffreste doch noch Verwendung finden und meine Tochter ist über die neuen Haargummis glücklich.

MATERIAL

* Stoffreste
* Knopfrohlinge
* Knopfwerkzeug, 22 cm
* Haargummis in verschiedenen Stärken

Was darf ich machen?

* Schöne Stoffreste aussuchen
* Den Knopf festdrücken
* Den Knopf aus der Form lösen

SCHRITT 1

Fertigen Sie eine kreisrunde Schablone mithilfe der Vorlage *Haargummi* von S. 120 an.

SCHRITT 2

Legen Sie den Stoff mit der linken Seite nach oben vor sich auf den Tisch. Übertragen Sie die Vorlage auf den Stoff und schneiden Sie den Kreis aus.

SCHRITT 3

Legen Sie den Stoff mit der linken Seite nach unten auf die Silikonform. Platzieren Sie die Knopfoberseite auf den Stoff und drücken Sie ihn ein. Bedecken Sie ihn nun mit dem überstehenden Stoff.

SCHRITT 4

Legen Sie die Knopfunterseite auf die mit Stoff umwickelte Oberseite.

SCHRITT 5

Drücke den Knopf zuerst mit den Fingern fest und helfe dann mit dem Knopfwerkzeug etwas nach.

SCHRITT 6

Den fertigen Knopf aus der Silikonform drücken – und schon ist der Knopf fertig!

SCHRITT 7

Ziehen Sie den dünnen Haargummi durch die Knopfschlaufe oder nähen Sie den Knopf an einen dickeren Haargummi an.

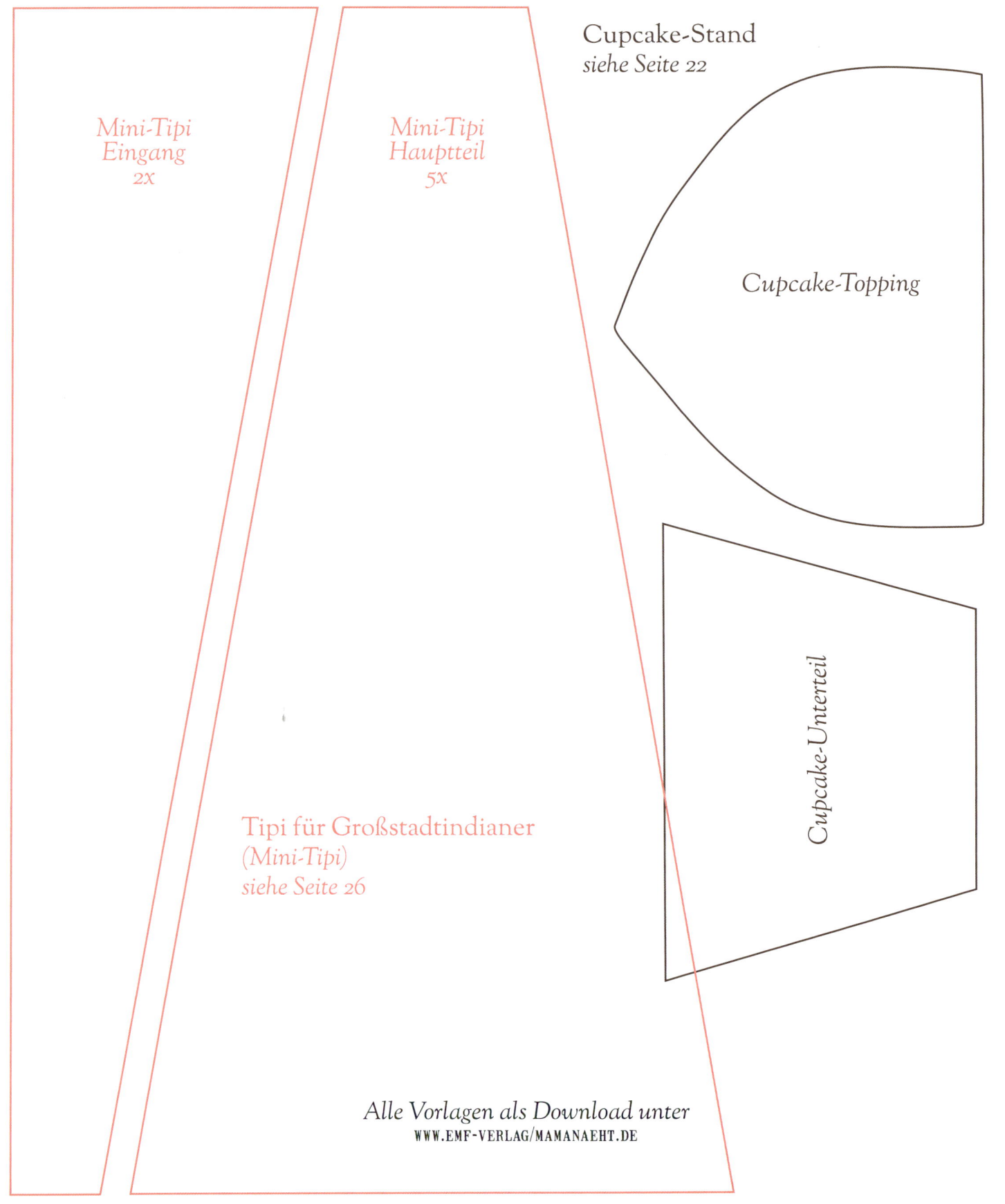

Mini-Tipi
Eingang
2x

Mini-Tipi
Hauptteil
5x

Cupcake-Stand
siehe Seite 22

Cupcake-Topping

Cupcake-Unterteil

Tipi für Großstadtindianer
(Mini-Tipi)
siehe Seite 26

Alle Vorlagen als Download unter
WWW.EMF-VERLAG/MAMANAEHT.DE

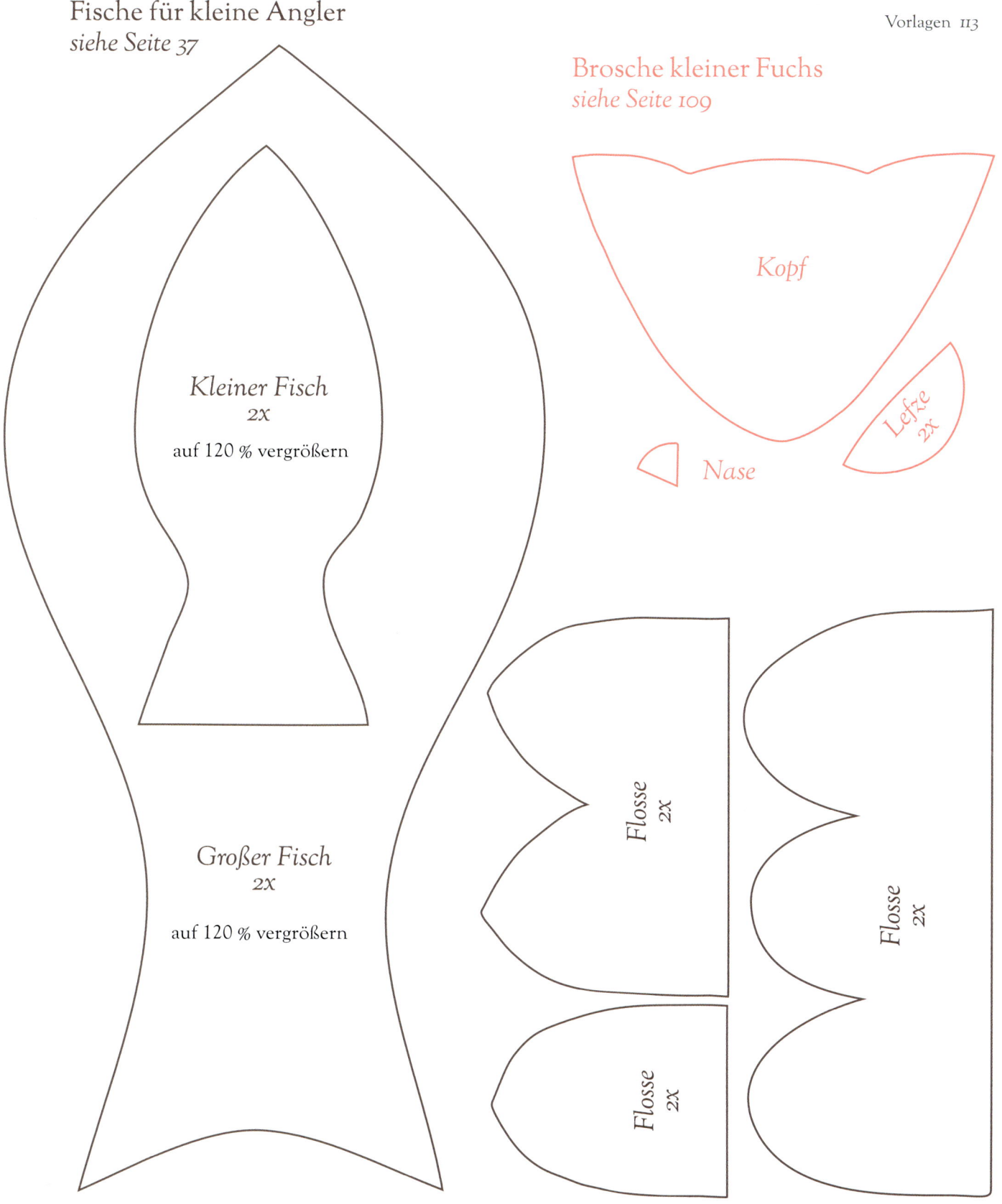

Fische für kleine Angler
siehe Seite 37

Brosche kleiner Fuchs
siehe Seite 109

Kopf

Lefze
2x

Nase

Kleiner Fisch
2x

auf 120 % vergrößern

Großer Fisch
2x

auf 120 % vergrößern

Flosse
2x

Flosse
2x

Flosse
2x

Wolken-Kirschkernkissen
siehe Seite 51

Wolken-Kirschkernkissen
2x

auf 120 % vergrößern

Wolken-Kuschelkissen
siehe Seite 52

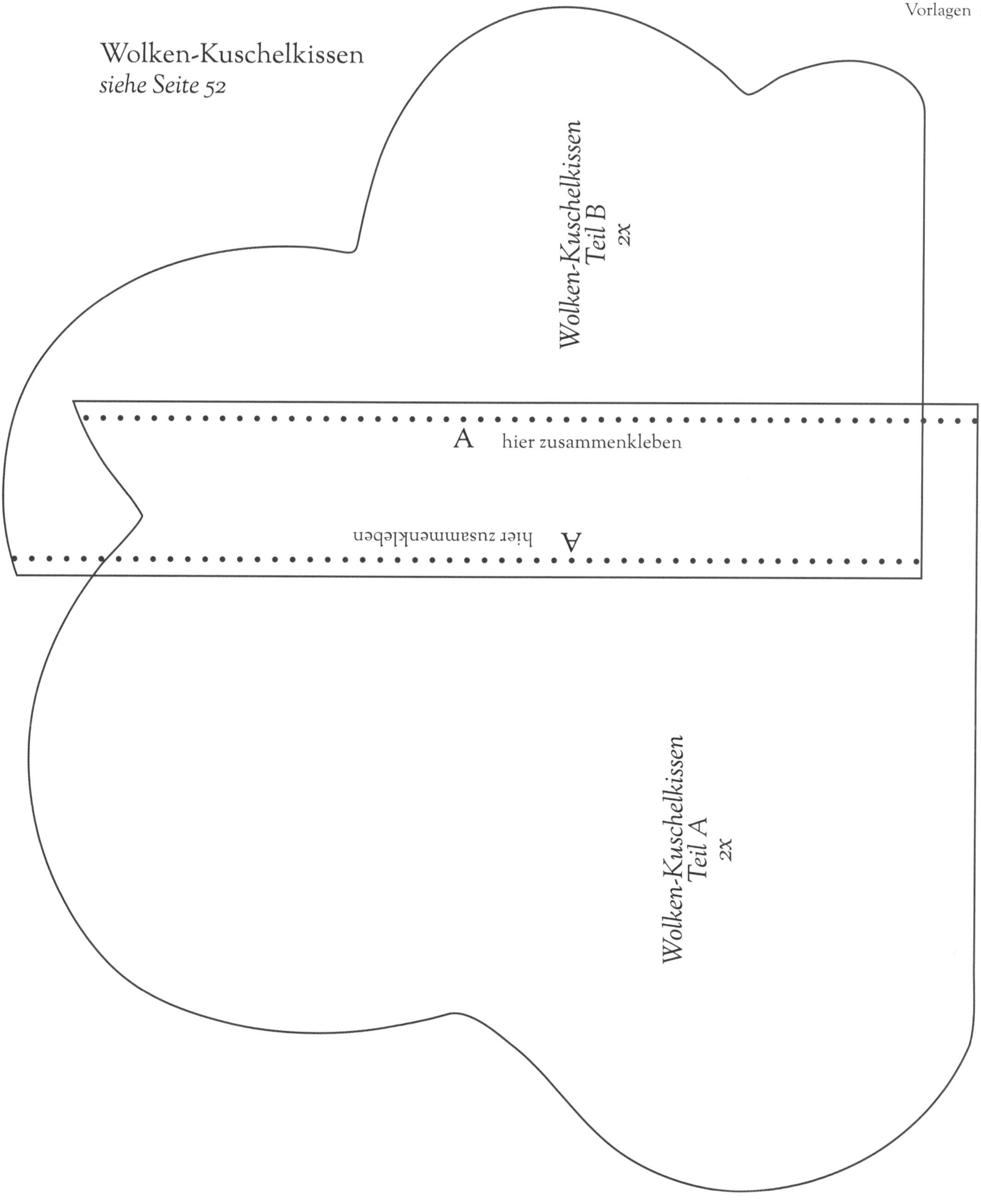

Wolken-Kuschelkissen
Teil B
2x

A   hier zusammenkleben

A   hier zusammenkleben

Wolken-Kuschelkissen
Teil A
2x

Schwert *siehe Seite* 63

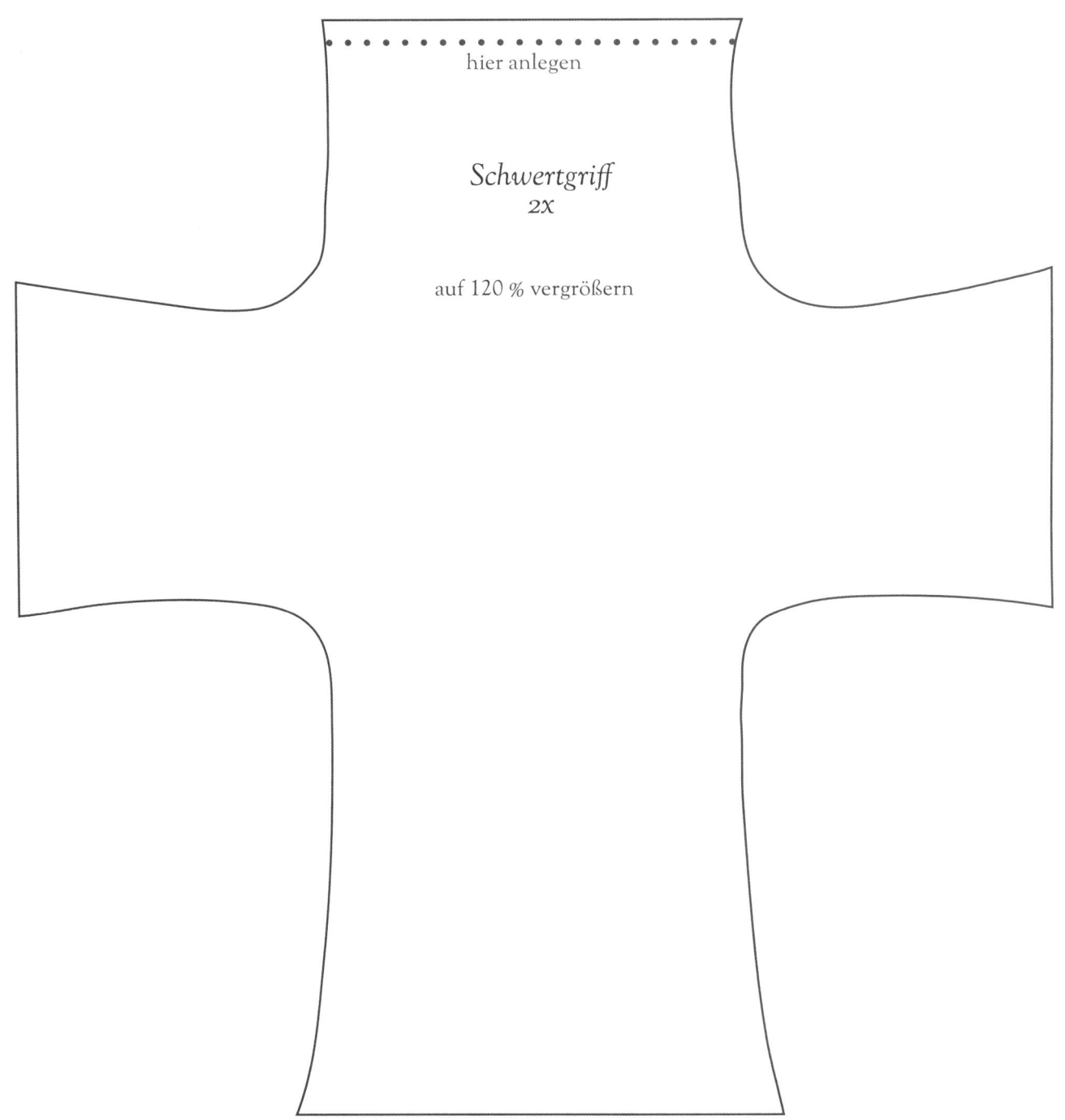

hier anlegen

Schwertgriff
2x

auf 120 % vergrößern

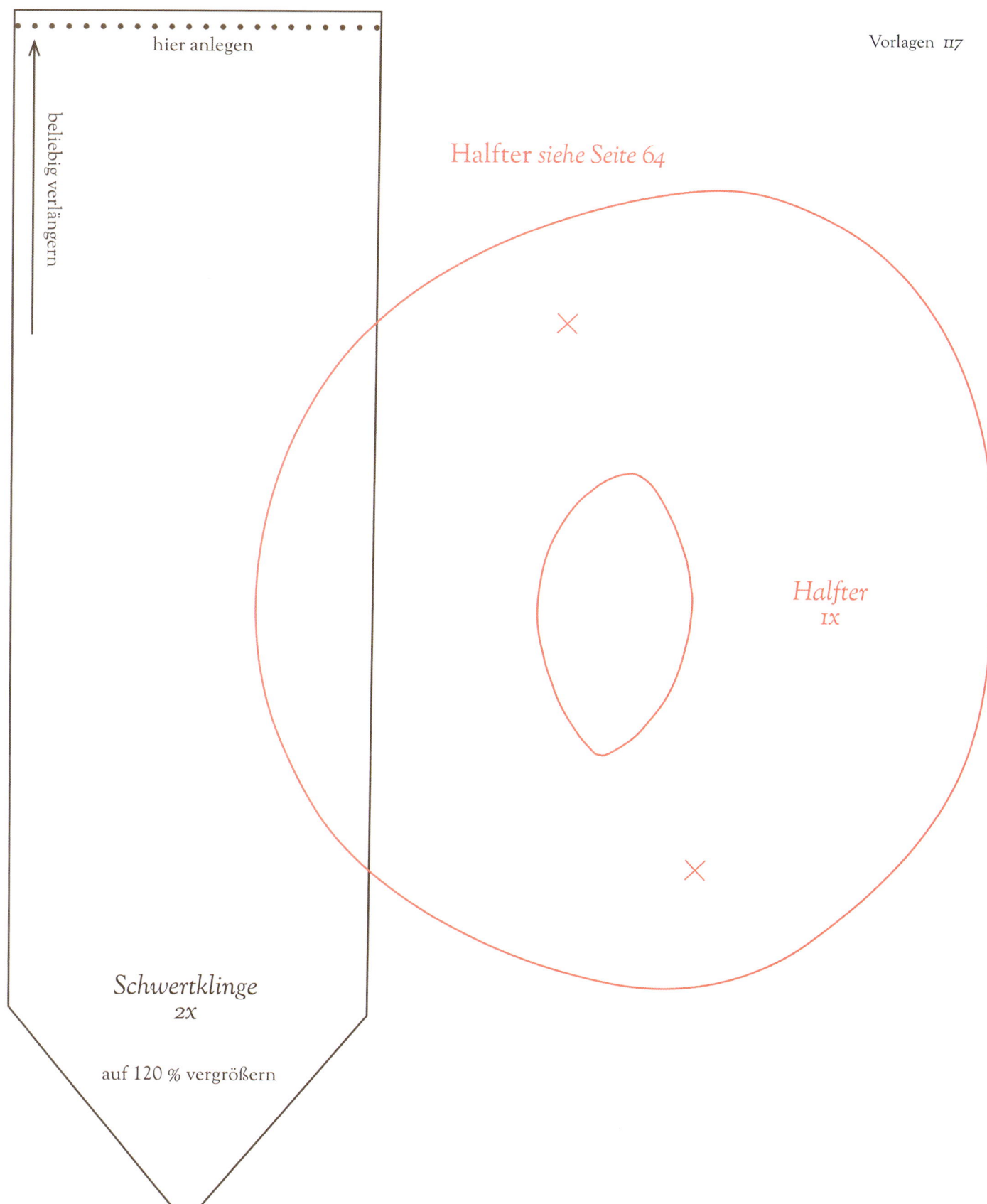

hier anlegen

beliebig verlängern

Halfter *siehe Seite 64*

Halfter
IX

Schwertklinge
2X

auf 120 % vergrößern

Große und kleine Schleifen
siehe Seite 87

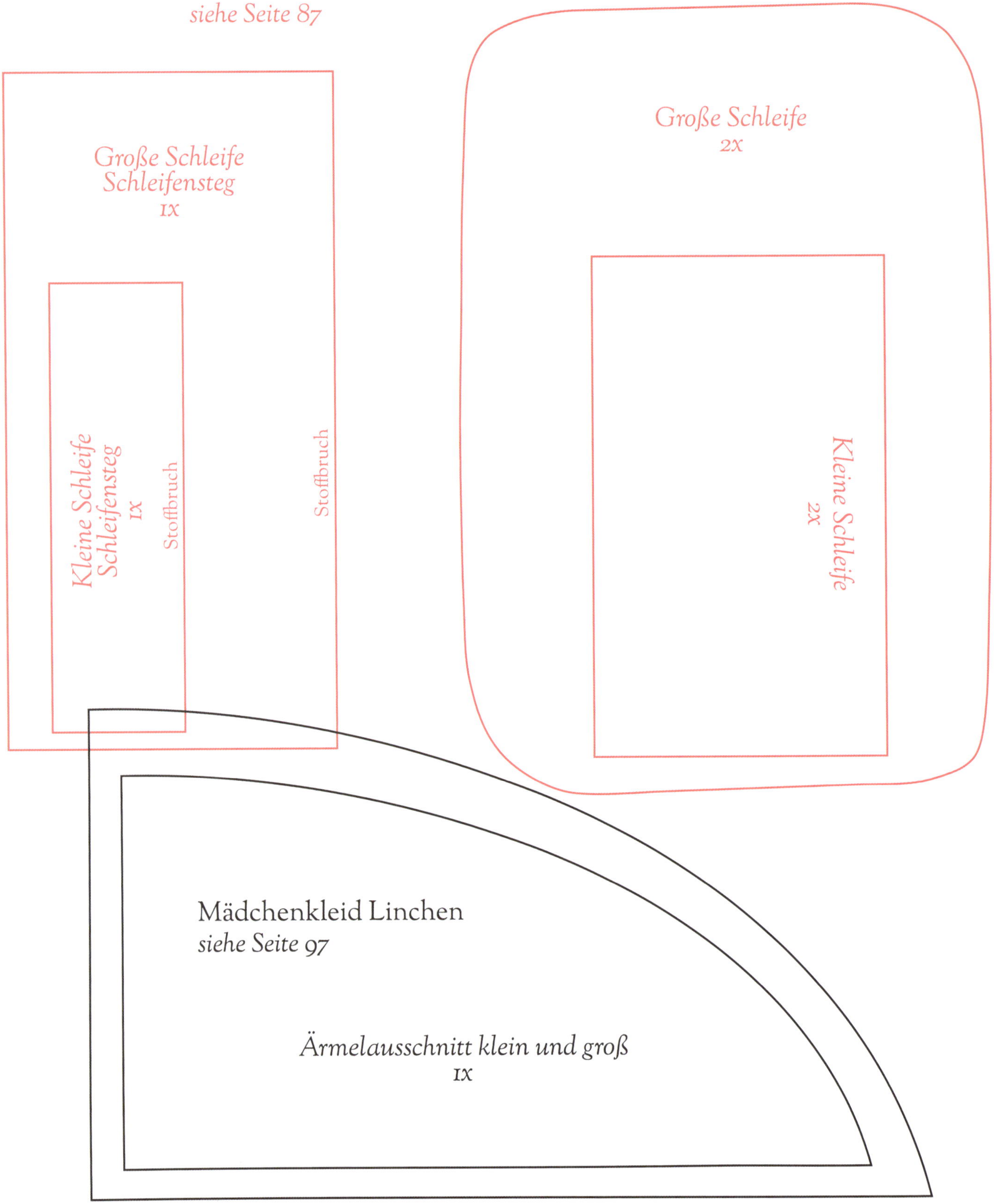

Große Schleife
Schleifensteg
1X

Große Schleife
2X

Kleine Schleife
Schleifensteg
1X

Stoffbruch

Stoffbruch

Kleine Schleife
2X

Mädchenkleid Linchen
siehe Seite 97

Ärmelausschnitt klein und groß
1X

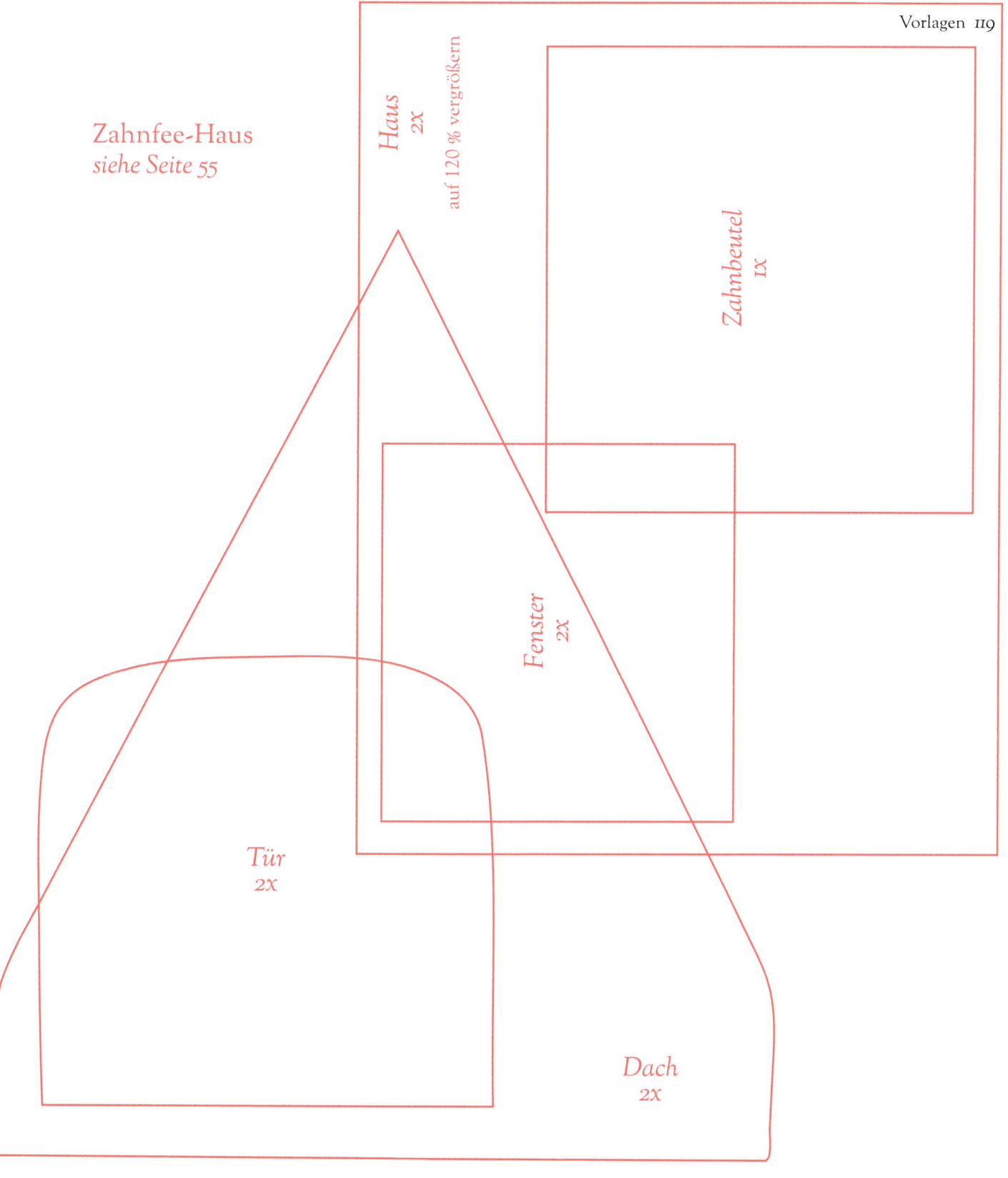

Zahnfee-Haus
siehe Seite 55

Haus
2x
auf 120 % vergrößern

Zahnbeutel
1x

Fenster
2x

Tür
2x

Dach
2x

Steckenpferd *siehe Seite 31*

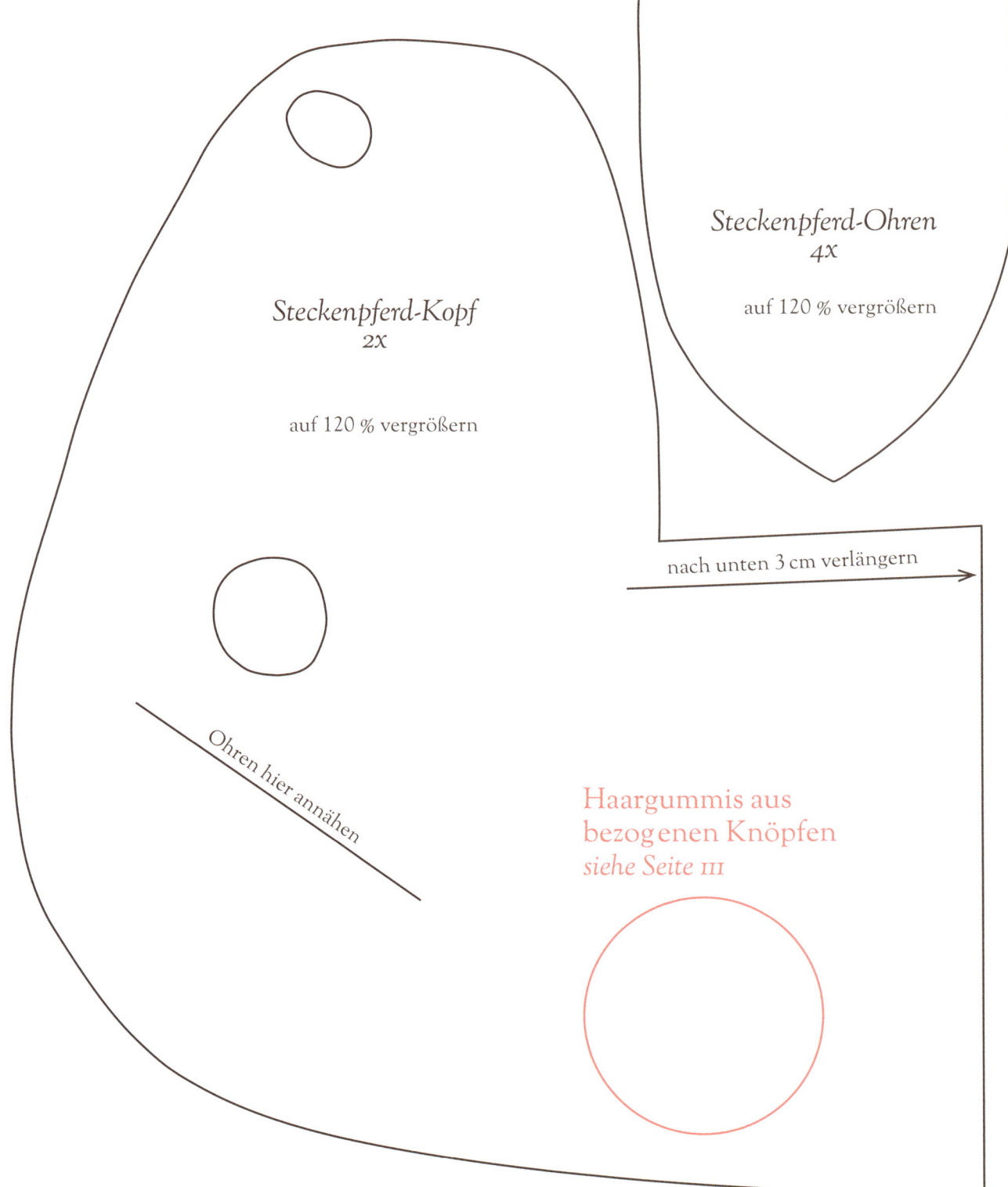

Steckenpferd-Kopf
2x

auf 120 % vergrößern

Steckenpferd-Ohren
4x

auf 120 % vergrößern

nach unten 3 cm verlängern

Ohren hier annähen

Haargummis aus
bezogenen Knöpfen
siehe Seite III

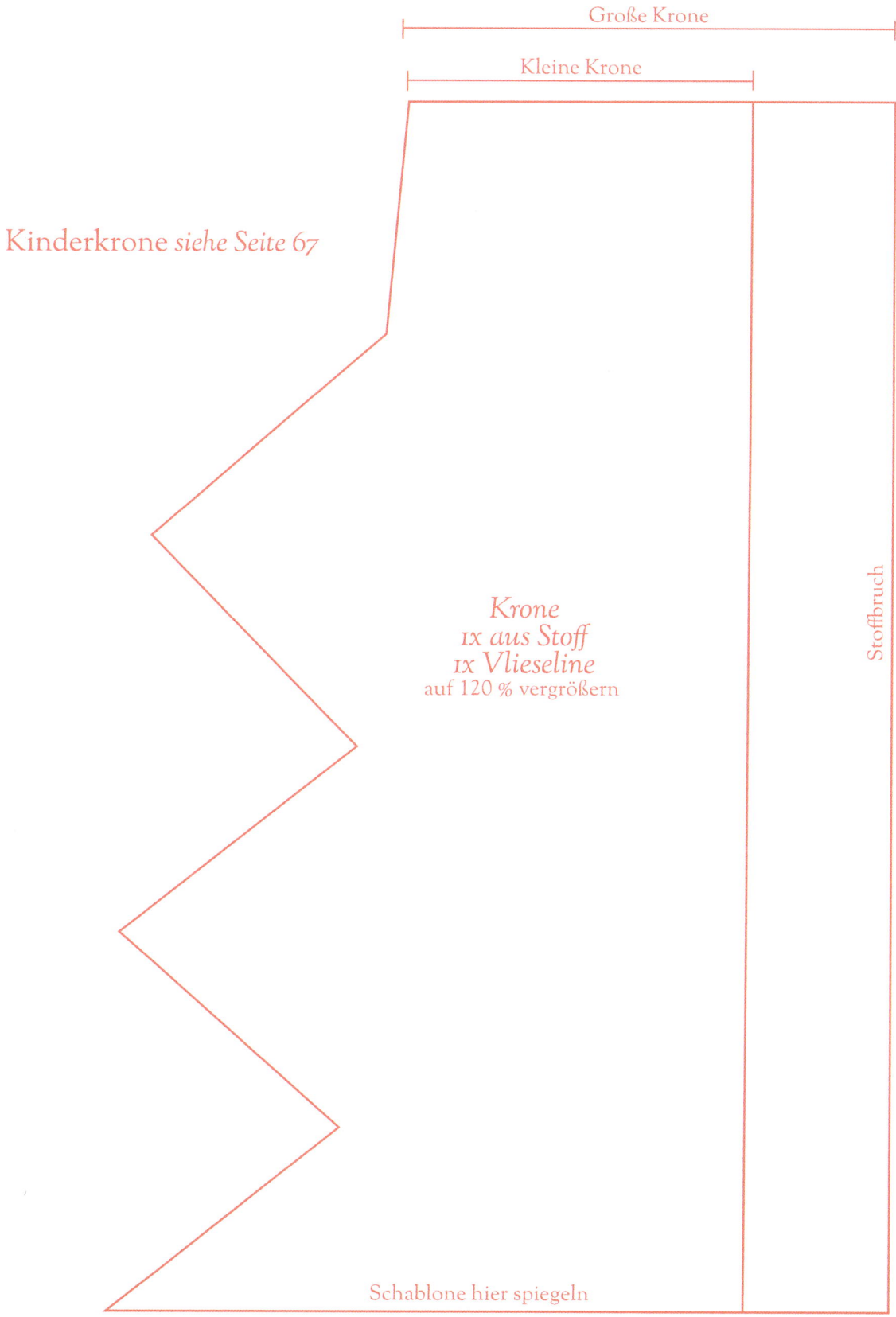

Große Krone

Kleine Krone

Kinderkrone *siehe Seite 67*

Krone
1x aus Stoff
1x Vlieseline
auf 120 % vergrößern

Stoffbruch

Schablone hier spiegeln

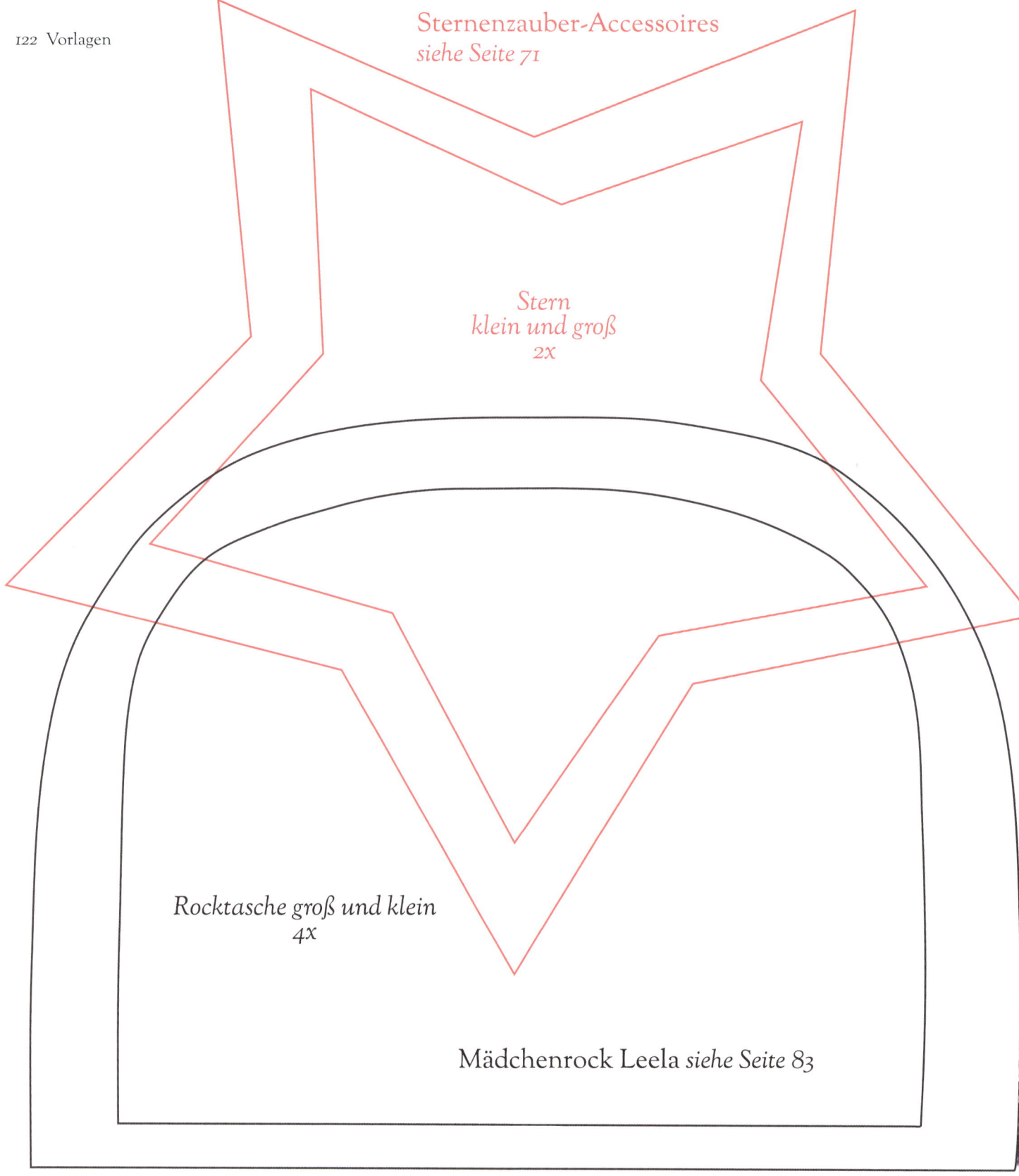

Sternenzauber-Accessoires
siehe Seite 71

Stern
klein und groß
2x

Rocktasche *groß und klein*
4x

Mädchenrock Leela *siehe Seite 83*

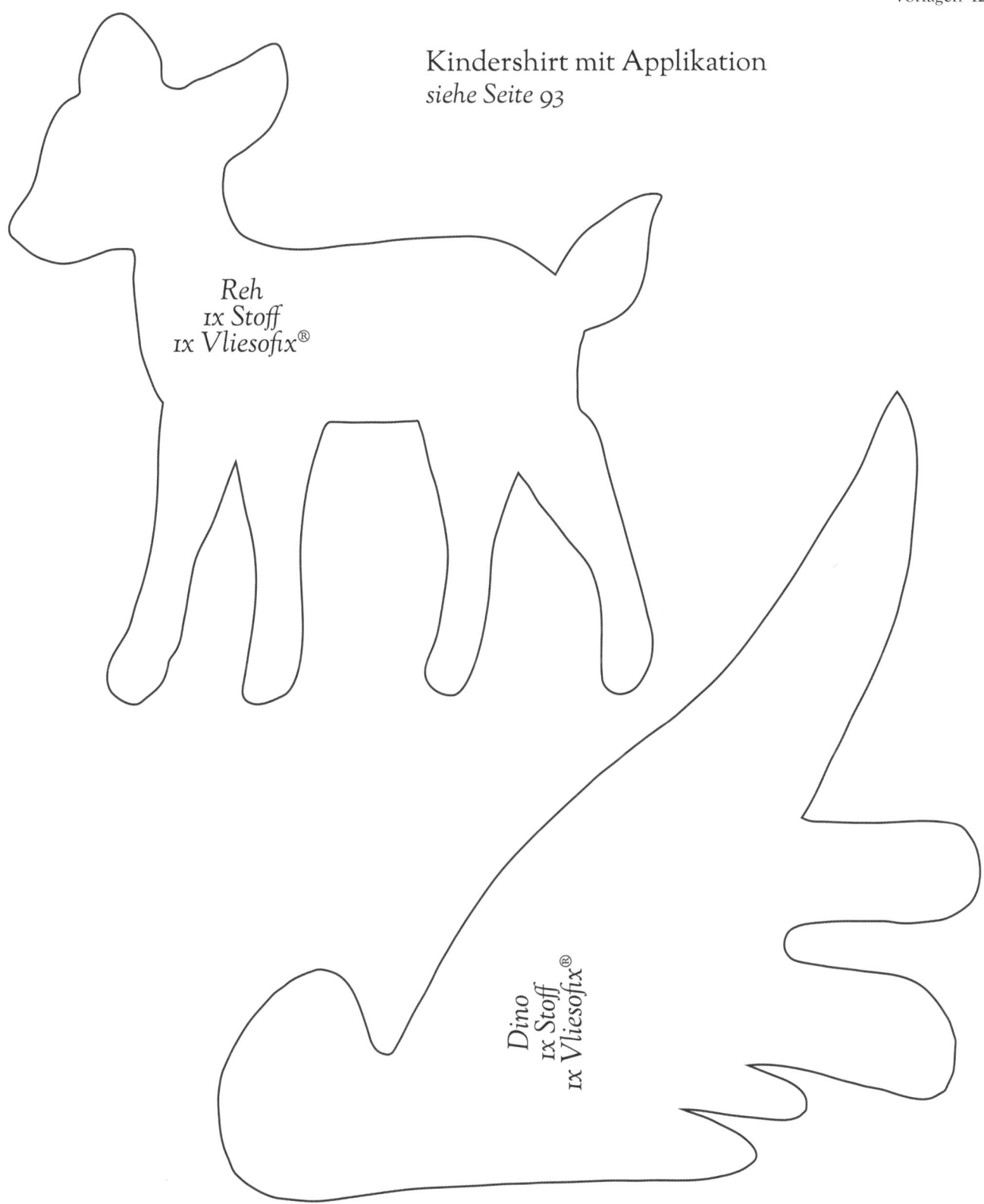

Kindershirt mit Applikation
siehe Seite 93

Reh
1x Stoff
1x Vliesofix®

Dino
1x Stoff
1x Vliesofix®

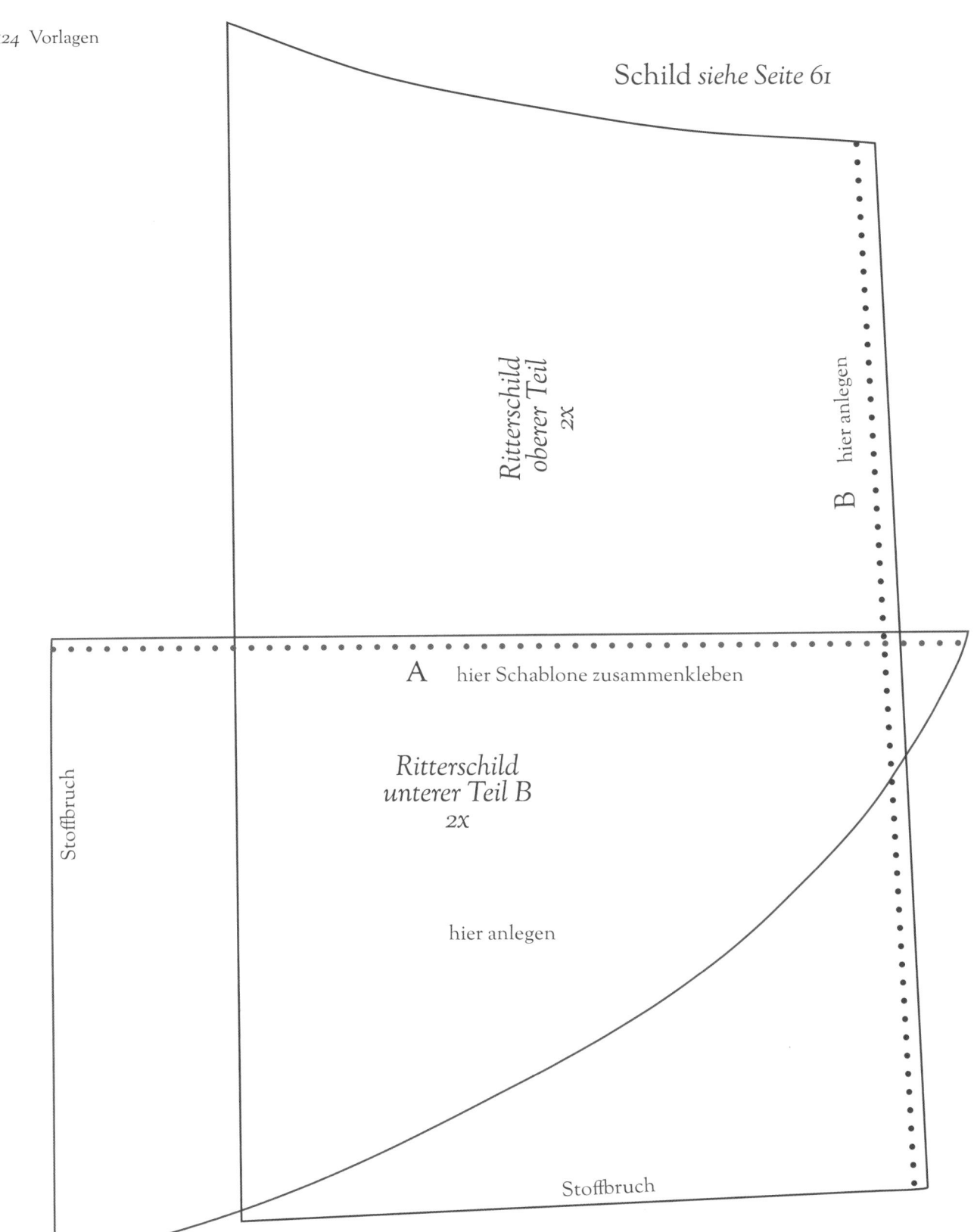

Schild *siehe Seite 61*

Ritterschild
oberer Teil
2x

B hier anlegen

A hier Schablone zusammenkleben

Ritterschild
unterer Teil B
2x

hier anlegen

Stoffbruch

Stoffbruch

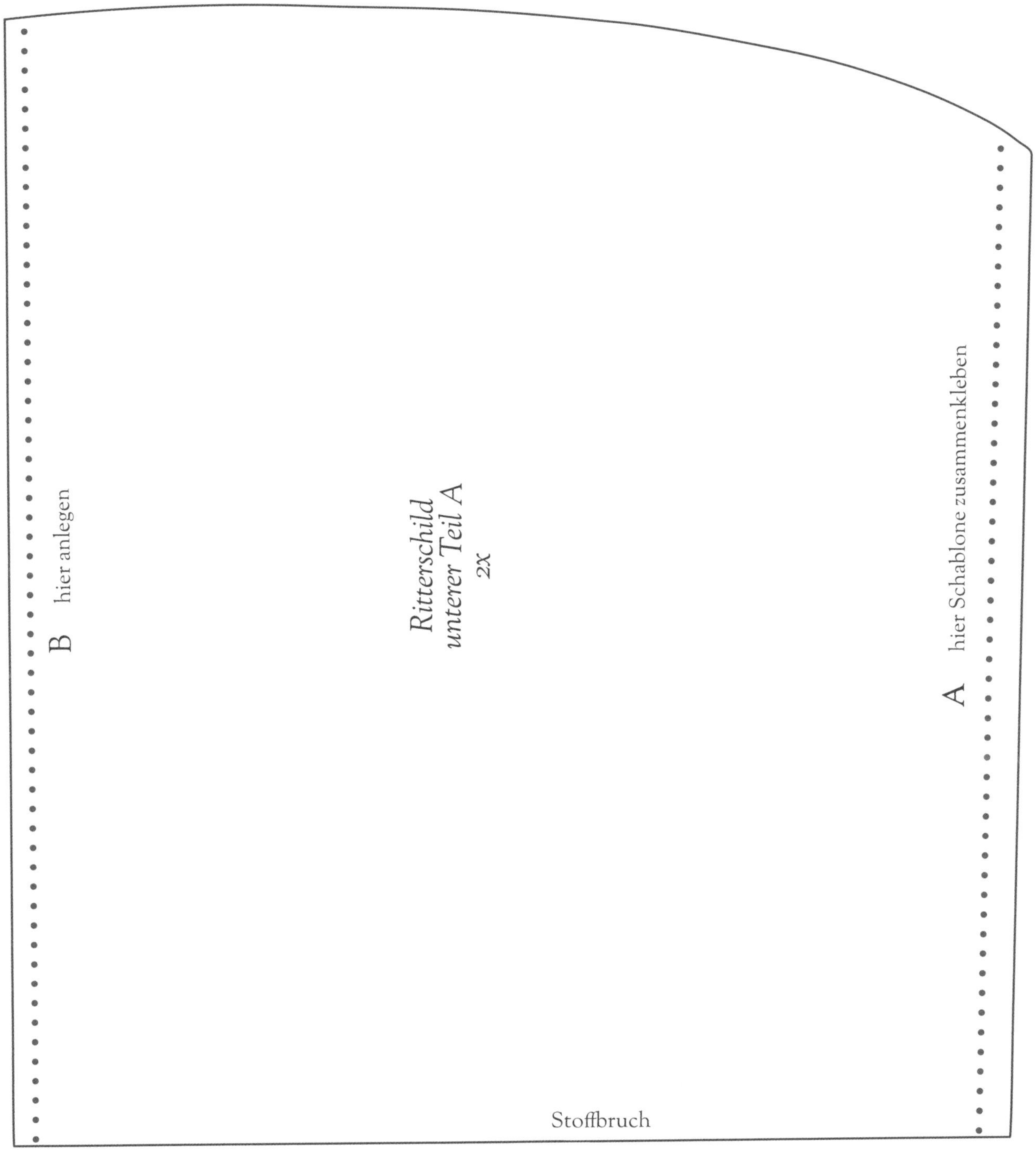

B   hier anlegen

A   hier Schablone zusammenkleben

Ritterschild
unterer Teil A
2x

Stoffbruch

ÜBER DIE AUTORIN

Die Modedesignerin und Schauspielerin Rebecca Lina lebt, liebt und arbeitet mit ihrer kleinen Tochter Laéna in Berlin. Laénas Geburt löste in Rebecca einen wahren Kreativitätsschub aus. Seitdem betreibt sie ihr Kinderlabel *Elfenkindberlin* und einen eigenen Onlineshop. Sie schreibt in ihren Blogs *elfenkindblog.de* und *ohwelove.de* über die Themen DIY, Nähen, Kochen & Backen und das kreative Leben und Reisen mit Kindern. Durch ihre Reisen in ferne Welten inspiriert, erfindet sie sich immer wieder neu und so entstehen neue Designs, schöne Nähprojekte und viele andere DIY-Ideen.

Die Kleidung, die die Kinder in diesem Buch tragen, sind alle von ihrem Kinderlabel *Elfenkindberlin*. Sollten Sie sich in das eine oder andere Stück verliebt haben, finden Sie alles unter: www.elfenkindberlin.de

Das Material zu den Projekten in diesem Buch finden Sie unter: www.elfenkindberlin.de oder www.ohwelove.com

Besuchen Sie auch Rebecca Linas Blogs unter: www.elfenkindblog.de und www.ohwelove.com

DANKSAGUNG

Ich danke von Herzen ...

meiner zauberhaften Tochter Laéna Leela Marie. Meine kleine Erbsenprinzessin, du bist die allerbeste, allerliebste, kreativste, verständnisvollste, süßeste Tochter, die ich mir wünschen kann! Ohne dich würden meinem Leben so viel Zauber und Liebe fehlen. Vielen Dank, dass du da bist und dass ich deine Mama sein darf, mein kleines Elfenmädchen.

Vielen Dank an die liebste, fleißigste, weltbeste Praktikantin Lea, die immer zugehört, mitgeabeitet, mitgeschimpft und mitgelacht hat. Aber vor allem immer für mich da war! Mit mir an Tagen, an denen alles zu viel war, Tee gekocht, Crêpes mitgebracht und mit Laéna gespielt hat, damit ich noch eine Stunde länger werkeln konnte. Liebe Lea, du bist

einfach ein wundervoller, wertvoller und reizender Mensch. Nun wünsche ich dir ein ganz wundervolles Studium! Aus dir wird einmal eine tolle Textildesignerin und ich bin mir sicher, wir werden irgendwann wieder miteinander arbeiten! Ich wünsche dir alles Schöne dieser Erde für deinen weiteren Weg.

Vielen Dank, liebe Rita, für deine fleißigen Hände, ohne deine Nähkünste hätte ich im Leben nicht alle Elfenkindkleider rechtzeitig versenden können, während ich das Buch geschrieben habe!

Vielen lieben Dank an die wunderbaren Kinder, die mit uns gespielt, gewerkelt, Fragen gestellt und Fotos gemacht haben: Ava, Iuno, Joschi, Laéna, Mila, Noelle, Sayuri und Ulysse, ihr seid alle ganz wunderbare Menschenkinder!

Liebe Ariane, liebe Malie, liebe Tina, liebe Rut-Lina, liebe Vivi, ich danke euch von Herzen für die Zeit, die ihr mit Laéna verbracht habt in der Schlussphase des Schreibens.

Ein liebes Dankeschön geht auch an meine Schulpraktikantin Angharad für die Fitzelarbeit, Matze für das großartige Coverfoto, an Jens für die schöne Magnolie vom Cover, an Bernina für die technische Unterstützung, an Ilona für die liebevollen

Illustrationen und an meine bezaubernde und geduldige Lektorin Annika und ihre Assistentin Saskia.

An meine Freundinnen Paula und Sarah, vielen Dank für eure Worte. An all die kleinen und großen Elfenkindfans, meine lieben Blogleser und allen, die mir auf Instagram folgen und mir immer, wenn ich ein Bild der Buchproduktion gepostet habe, mit lieben Kommentaren gezeigt haben, dass ich auf dem richtigen Weg bin.

Vielen Dank an meine Kunden, die während dem Schreiben hin und wieder etwas länger warten mussten auf ihre neuen Sachen.

Ein warmes und aus tiefstem Herzen kommendes Dankeschön geht an meine Familie und vor allem an meine Großeltern und meine Oma, die mit mir als Kind immer gebastelt, gewerkelt, genäht, gehäkelt und gestrickt haben! Ohne euch wäre ich sicher nicht mit so viel Liebe in meine Kreativität eingeführt worden. Und ich danke meinem liebsten Henning. Danke, dass du mich immer in den richtigen Momenten einfach in Ruhe gelassen, unterstützt oder geküsst hast. Du bist einfach wunderbar! Ich liebe dich!

Eure

Rebecca Lina

Noch mehr tolle Bücher

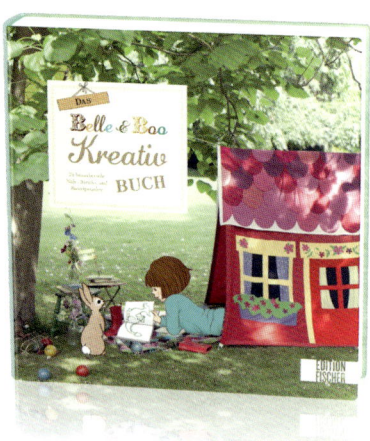

DAS BELLE & BOO-KREATIVBUCH
25 bezaubernde Näh-, Strick- und
Bastelprojekte
ISBN 978-3-86355-169-8
19,90 €

MINI COUTURE ZUM SELBERNÄHEN
mehr als 20 Modelle für Mädchen
und Jungs
ISBN 978-3-86355-214-5
16,99 €

DURCHSTARTEN AN DER NÄHMASCHINE
30 tolle Projekte aus deinem
Atelyeah
ISBN 978-3-86355-226-8
14,99 €

MAMA-BABY-NÄHBUCH
Mehr als 35 Nähprojekte für ein
gutes Bauchgefühl
ISBN 978-3-86355-147-6
16,99 €

MAMA-BABY-HÄKELBUCH
Mehr als 40 Häkelprojekte
für ein gutes Bauchgefühl
ISBN 978-3-86355-184-1
16,99 €

MAMA-BABY-STRICKBUCH
27 Strickprojekte für ein
gutes Bauchgefühl
ISBN 978-3-86355-225-1
16,99 €